北大保险时评书系

北大保险时评 2020—2021

孙祁祥 等◎著

北京大学出版社
PEKING UNIVERSITY PRESS

图书在版编目(CIP)数据

北大保险时评.2020—2021/孙祁祥等著.—北京：北京大学出版社,2021.10
(北大保险时评书系)
ISBN 978-7-301-32539-1

Ⅰ.①北… Ⅱ.①孙… Ⅲ.①保险业—中国—2020—2021—文集 Ⅳ.①F842-53

中国版本图书馆CIP数据核字(2021)第190487号

书　　　名	北大保险时评（2020—2021） BEIDA BAOXIAN SHIPING（2020—2021）
著作责任者	孙祁祥　等著
责 任 编 辑	兰　慧
标 准 书 号	ISBN 978-7-301-32539-1
出 版 发 行	北京大学出版社
地　　　址	北京市海淀区成府路205号　100871
网　　　址	http://www.pup.cn
微信公众号	北京大学经管书苑（pupembook）
电 子 信 箱	em@pup.cn
电　　　话	邮购部 010-62752015　　发行部 010-62750672 编辑部 010-62752926
印 刷 者	北京虎彩文化传播有限公司
经 销 者	新华书店 730毫米×1020毫米　16开本　11.5印张　124千字 2021年10月第1版　2021年10月第1次印刷
定　　　价	45.00元

未经许可，不得以任何方式复制或抄袭本书之部分或全部内容。
版权所有，侵权必究
举报电话：010-62752024　电子信箱：fd@pup.pku.edu.cn
图书如有印装质量问题，请与出版部联系，电话：010-62756370

目录 CONTENTS

理论综合

2020年中国保险业回眸与思考(上)   郑　伟/3

2020年中国保险业回眸与思考(下)   郑　伟/10

从五中全会公报看社会养老保障体系发展
　　方向   陈　凯/16

完善针对中低收入人群保障体系   姚　奕/20

商业养老险发展的"1＋3"思路   郑　伟/25

新冠肺炎疫情风险管理

新冠肺炎疫情对保险业影响几何   刘新立/33

巨灾风险管理需要事前防控与事后应急并重   贾　若/37

新冠肺炎疫情防控中的风险管理   郑　伟/41

高度重视新型传染病的危害与应对   孙祁祥/46

阶段性社保降费助力抗疫   吕有吉/53

从风险认知看新冠肺炎疫情应对   姚　奕/57

由应急管理转向常态化风险管理	贾　若/61
警惕经济失速风险	贾　若/66
从新冠肺炎疫情看保险服务新生态	韩　笑/70
构建长效传染病巨灾融资机制	贾　若/75
疫情让风险治理常态化	周新发/79

行业发展与规划

| 浅议涉农保险的"提质"功效 | 丁宇刚/87 |
| 建立国家级医疗健康数据平台的思考 | 王瀚洋/91 |

政策与监管

系统重要性保险机构国际监管动向及启示	锁凌燕/97
论金融机构的逆周期监管	朱南军/102
车险综合改革中的市场与监管	郑　伟/106
视频直播卖保险的风险与监管	吴海青/111
互联网保险监管的审慎与包容	锁凌燕/115
从精算角度谈重疾险新规	陈　凯/120

企业经营与市场环境

市场深度开放，向外资公司学什么	刘新立/127
控制无抵押信保业务风险的出路	郑　豪/132
浅谈集成电路产业和软件产业发展面临的风险	吕有吉/136

别把保险卖成"快消品" 丁宇刚/141
优化保险资金配置,更好服务实体经济 谢志伟/145
自保公司:企业风险管理的独特模式 刘新立/150

社会保障与保险

医保制度如何与不确定性共舞 刘子宁/157
利用保险机制解决返贫难题 周新发/161
用弹性延迟退休缓解养老金压力 陈　凯/165
对我国建立长期护理保险的思考 艾美彤/170
第三支柱:规范发展方能赢得信任 锁凌燕/174

CCISSR 理论综合

2020年中国保险业回眸与思考（上）

郑 伟

2021-01-15

2020年是极不平凡的一年，这一年中国保险业改革发展稳步推进，取得了不少可圈可点的成绩。如果我们把2020年中国保险业发生的重要事件进行梳理，可以将其归纳为"一二三四五"，即一个主题（高质量发展），两领域服务民生保障（养老、健康），三方面助力经济社会发展（抗疫、脱贫、实体经济），四项重点领域改革（车险、农险、意外险、重疾险），五项监管举措落地（保险资管产品、信用保证保险、保险代理人、互联网保险、责任保险）。

一、一个主题

随着我国经济由高速增长阶段转向高质量发展阶段,保险供给与需求之间不平衡不适应的矛盾日益凸显,保险业高质量发展面临多重挑战。在这样的背景下,2020年1月,中国银保监会(以下简称"银保监会")发布《关于推动银行业和保险业高质量发展的指导意见》(银保监发〔2019〕52号,以下简称《指导意见》),旨在推动银行业和保险业高质量发展,更好服务现代化经济体系建设。

"高质量发展"是2020年及未来一段时间保险业发展的鲜明主题。《指导意见》明确提出"坚持回归本源,坚持优化结构,坚持强化监管,坚持市场导向,坚持科技赋能"等五项基本原则,并提出2025年的发展目标——实现金融结构更加优化,形成多层次、广覆盖、有差异的银行保险机构体系。《指导意见》为保险业高质量发展确定了基调。

在《指导意见》的指引下,财产保险和人身保险均将高质量发展要求付诸行动。在财产保险领域,2020年8月银保监会发布《推动财产保险业高质量发展三年行动方案(2020—2022年)》(银保监办发〔2020〕68号,以下简称《行动方案》),提出推动行业向精细化、科技化、现代化转型发展,推动增强保险服务国民经济和社会民生能力,提升行业对外开放水平和国际影响力,形成聚焦高质量发展的监管政策和体制机制。《行动方案》是银保监会成立以来首次对财产保险业发展和监管出台规划,具有重要的指导意义。在人身保险领域,虽然尚未发布具体的行动方案,但是银保监会2020年2月发布《普通型人身保险精算规定》、3月发布《关于加快推进意外险改革的意见》,以及12月9日国务院常务会议部署促进人身保险扩面提质稳健发展的措施,无不蕴含着推动人身保险高质量发展的明确思路。

二、两领域服务民生保障

2020年,在保险业服务民生保障的两大领域,即商业养老保险领域和商业健康保险领域,国家政策持续发力。发展相关领域商业保险,已经越来越从行业意愿上升为国家意志。

1. 商业养老保险

2020年商业养老保险在国家层面被多次提及。一是在2020年1月,2019年12月30日国务院常务会议确定促进社会服务领域商业保险发展的措施之后,银保监会等十三部门联合发布《关于促进社会服务领域商业保险发展的意见》(银保监发〔2020〕4号),提出要加快发展商业养老保险,并提出力争到2025年,商业保险为参保人积累不低于6万亿元养老保险责任准备金。二是2020年11月,中共中央发布《中共中央关于制定国民经济和社会发展第十四个五年规划和二〇三五年远景目标的建议》,提出要健全多层次社会保障体系,要发展多层次、多支柱养老保险体系。三是2020年12月9日国务院常务会议部署促进人身保险扩面提质稳健发展的措施,提出要按照统一规范要求,将商业养老保险纳入养老保障第三支柱加快建设。四是2020年12月中央经济工作会议提出要规范发展第三支柱养老保险。

作为多层次多支柱养老保险体系的重要组成部分,商业养老保险理应发挥重要作用,但实际情况却相去甚远。从2020年第三季度末相关数据看,如果暂不考虑战略储备性质的全国社会保障基金,我国多层次养老保险基金总计约9.3万亿元。其中,第一层次(基本养老保险)约5.74万亿元,占比61.7%;第二层次(企业年金和职业年金)约3万亿元,占比32.3%;第三层次(个人商业养老年金保险等)约0.56万亿元,占比仅6%,第三层次养老保险发展严重滞后。未来一个时期,商业养老保险发展的一个基调是"统一规范、统筹推进、加快建设",同时要注重实现高质量发展、包容性发展和综合式发展。

2. 商业健康保险

2020年商业健康保险在国家层面也被多次提及。一是2020年1月银保监会等十三部门联合发布《关于促进社会服务领域商业保险发展的意见》,提出要扩大商业健康保险供给、加快发展商业长期护理保险,并提出力争到2025年,商业健康保险市场规模超过2万亿元,成为中国特色医疗保障体系的重要组成部分。二是2020年3月中共中央、国务院发布《中共中央国务院关于深化医疗保障制度改革的意见》,要求"到2030年,全面建成以基本医疗保险为主体,医疗救助为托底,补充医疗保险、商业健康保险、慈善捐赠、医疗互助共同发展的医疗保障制度体系",再次明确商业健康保险是医疗保障制度体系的重要组成部分。三是2020年11月中共中央发布《中共中央关于制定国民经济和社会发展第十四个五年规划和二〇三五年远景目标的建议》,提出要健全多层次社会保障体系、积极发展商业医疗保险。四是2020年12月9日国务院常务会议部署促进人身保险扩面提质稳健发展的措施,提出要加快发展商业健康保险。

作为多层次医疗保障体系的重要组成部分,近些年商业健康保险取得了较快的发展,比如"百万医疗险"和"惠民保"呈现爆发式增长,"惠民保"更是成为2020年保险业的现象级产品。同时需要注意的是,"百万医疗险"和"惠民保"在发展过程中也暴露出一些潜在的问题,其未来发展之路仍存在较大的不确定性,只有创新与规范并重,它们才会有生命力,才可能实现长期健康发展。未来一个时期,商业健康保险发展的一个基调是"加快发展",同时要注重实现高质量发展、包容性发展和开放式发展。

三、三方面助力经济社会发展

2020年,保险业助力经济社会发展主要体现在三个方面:一是助力抗疫和复工复产,二是助力脱贫攻坚,三是支持实体经济。

1. 助力抗疫和复工复产

2020年新冠肺炎疫情突如其来,保险业作为提供风险保障的特殊行业,积极投身抗疫和支持企业复工复产,主要举措包括向医护人员等抗疫群体捐赠专属保险、扩展原有保险产品的保险责任、开发包含新冠肺炎疫情风险保障的新产品、提供理赔绿色通道,此外还通过信用保险和保证保险为中小微企业提供增信支持,为助力抗击疫情和企业复工复产做出了重要贡献。

2020年3月,银保监会办公厅发布《关于加强产业链协同复工复产金融服务的通知》(银保监办发〔2020〕28号),要求进一步加大包括保险在内的金融服务实体经济力度,推动产业链协同复工复产。此外,在新冠肺炎疫情突袭初期,部分地方政府快速反应,探索通过保险机制助力抗击疫情与复工复产。比如,

2月12日,宁波发布全国首个支持抗击疫情与企业复工复产的保险八条专项政策("保八条"),涵盖对企业减费让利、帮扶企业复工复产、稳外贸、保物资供应、提高保险服务质效等内容;2月19日,在"保八条"基础上,宁波推出专门帮扶小微企业的政策性复工防疫保险,为全市小微企业复工复产解除后顾之忧。作为国家保险创新综合试验区,宁波又一次走在利用保险机制助力经济社会发展的前列。

2. 助力脱贫攻坚

2020年是全国决战决胜脱贫攻坚的收官之年,保险业一如既往持续助力脱贫攻坚,并进一步聚焦"三区三州"①等深度贫困地区,通过风险保障提高脱贫质量、防止返贫。

12月3日,中央政治局常委会召开会议听取脱贫攻坚总结评估报告,习近平总书记指出,经过8年持续奋斗,我们如期完成了新时代脱贫攻坚目标任务,取得了令全世界刮目相看的重大胜利,但巩固拓展脱贫攻坚成果的任务依然艰巨。

我们知道,我国扶贫工作经历了从救济式扶贫到开发式扶贫,再到开发式扶贫与保障式扶贫相结合的巨大转变。在开发式扶贫和保障式扶贫中,保险业均能发挥重要且独特的作用,未来应当在巩固拓展脱贫攻坚成果方面扮演更加积极的角色。

3. 支持实体经济

2020年在新冠肺炎疫情和国际摩擦的双重冲击下,我国实体经济发展遭遇严峻挑战,保险业从两大方面积极支持实体经

---

① "三区"指西藏自治区,青海、四川、甘肃、云南四省藏区,南疆的和田地区、阿克苏地区、喀什地区、克孜勒苏柯尔克孜自治州四地区;"三州"指四川凉山州、云南怒江州和甘肃临夏州。——编者注

济发展:一方面,保险业积极构筑实体经济的风险管理保障体系,完善社会风险保障功能,发挥了实体经济稳定器作用;另一方面,保险业大力引导保险资金服务实体经济,支持供给侧结构性改革,支持"一带一路"建设和国家区域经济发展战略,支持"两新一重"[①]等项目的融资需求。

保险资金具有规模大、期限长、资金来源较为稳定的优势,可以为实体经济发展提供强力支撑。2020年11月,银保监会发布《关于保险资金财务性股权投资有关事项的通知》(银保监发〔2020〕54号),取消保险资金财务性股权投资的行业限制,使保险资金服务实体经济的能力得到大幅提升。截至2020年10月末,保险资金通过债券、股票和非公开市场投资为实体经济融资18万亿元,发挥了积极的支持作用。

---

① 指新型基础设施建设,新型城镇化建设,交通、水利等重大工程建设。——编者注

2020年中国保险业回眸与思考(下)

郑 伟

2021-01-22

四、四项重点领域改革

2020年保险业重点领域改革持续深化,主要包括四个方面:车险综合改革、农险改革、意外险改革和重疾险修订。

1. 车险综合改革

2020年9月,银保监会发布《关于实施车险综合改革的指导意见》,提出按照人民导向、市场导向、发展导向、渐进方式实施车险综合改革。改革的主要目标是"保护消费者权益",具体包括:市场化条款费率形成机制建立、保障责任优化、产品服务丰富、附加费用合理、市场体系健全、市场竞争有序、经营效益提升、车险高质量发展等,短期内将"降价、增保、提质"作为阶段性目标。

车险综合改革是推动财产保险业高质量发展的重要举措,是一项名副其实的"综合"改革。一方面,从短期看,改革后两个多月的数据显示,约 90% 的客户年缴保费下降,车均保费由 3 700 元/辆下降至 2 700 元/辆,其中保费下降幅度超过 30% 的客户达 69%,加之其他改革成效,应当说初步达到了"降价、增保、提质"的阶段性目标;另一方面,从长期看,过去二十多年车险改革一直在路上。改革在不同阶段,既面临不同的阶段性问题,也面临一些相似的长期性问题,本次车险综合改革希望解决的应当是长期性问题,即如何把握市场与监管的关系,改革效果令人期待。

2. 农险改革

与 2019 年《关于加快农业保险高质量发展的指导意见》(财政部、农业农村部、银保监会和林草局联合发布,财金〔2019〕102 号)一脉相承,2020 年农业保险领域有两大事件值得关注:一是机构方面,中国农业再保险股份有限公司(以下简称"中农再")获批开业;二是行业标准方面,三大主粮保险基础数据和示范条款发布。

中农再的股东包括财政部、中再集团、中国农业发展银行等 9 家单位,注册资本 161 亿元人民币。我们知道,农业的基础重要性与农业风险的特殊性,对农业风险保障体系提出了很高的要求;在农业风险保障体系中,要充分发挥农业保险的核心作用;在农业保险中,政府与市场应当发挥比较优势,坚持中国特色,协同共建农业保险大灾风险分散机制。在这样的背景下,我们认为,经过几年改革探索,设立中农再是完善我国农业保险大灾风险分散机制的重要举措。

2020年11月中国精算师协会首次发布《稻谷、小麦、玉米成本保险行业基准纯风险损失率表(2020版)》,12月中国保险行业协会首次发布三大粮食作物成本保险行业示范条款,为保险机构相关产品开发和精算定价提供了基础数据支持与行业标准。可以预期,农业保险将继续沿着高质量的思路发展,在推进现代农业发展、促进乡村产业振兴、改进农村社会治理和保障农户收益等方面发挥更加重要的作用。

3. 意外险改革

2020年3月,银保监会办公厅发布《关于加快推进意外险改革的意见》,明确了加快推进意外险改革的三方面任务:一是推进市场化定价改革,包括健全意外险精算体系、建立产品价格回溯调整机制、编制意外险发生率表、大力推动产品自主创新;二是强化市场行为监管,包括集中整治市场突出问题、健全市场行为监管制度、建立健全信息披露机制、着力防范保险欺诈行为;三是夯实发展根基,包括加强和改进监管、提升合规经营水平、加快推进标准化建设、建立反保险欺诈长效协作机制。

意外险作为一种与人民群众接触广泛的险种,在增强全社会风险抵御能力等方面做出了重要贡献,但同时也存在市场基础薄弱、定价机制科学性不强、销售行为不够规范等问题。比如,有些意外险产品赔付率过低、费用率过高,被批为"不道德"和"资源浪费"的产品。此次改革旨在通过一套综合举措,解决意外险市场的深层次矛盾和问题,对于提高意外险服务经济社会发展能力、增强广大群众获得感具有重要意义。

4. 重疾险修订

2020年11月5日,中国保险行业协会、中国医师协会发布《重大疾病保险的疾病定义使用规范(2020年修订版)》(以下简称"2020版重疾表");同日,参照重疾险新定义,中国精算师协会发布《中国人身保险业重大疾病经验发生率表(2020)》;同日,银保监会发布《关于使用〈中国人身保险业重大疾病经验发生率表(2020)〉有关事项的通知》。

这一套"组合拳"包括重疾定义、重疾表和使用通知。它与时俱进地修订了已使用13年的重疾定义,建立重疾分级体系,引入轻度疾病定义,将原有25种重疾定义完善扩展为28种重度疾病和3种轻度疾病,并配套发布2020版重疾表。同时,银保监会规定2020版重疾表为法定责任准备金评估基础的最低要求,明确2020版重疾表对产品定价的参考作用,并建立重大疾病经验发生率表动态修订机制。这些工作对于规范重疾险法定责任准备金评估、夯实重疾险定价基础、促进重疾险长期健康发展,重要意义不言而喻。

五、五项监管举措落地

2020年保险监管持续发力,先后发布五项重要监管办法,涉及保险资管产品、信用保证保险、保险代理人、互联网保险和责任保险等领域。

2020年3月,作为"资管新规"①的配套政策,银保监会发布《保险资产管理产品管理暂行办法》(银保监会令2020年第5号),提出明确产品定位和形式、明确产品发行机制、严格规范产品运作、完善产品风险管理机制、落实穿透监管等举措,旨在统一保险资管产品监管标准,引导保险机构更好地服务实体经济,有效防范金融风险。

2020年5月,银保监会发布《信用保险和保证保险业务监管办法》,意在进一步明确融资性信用保险业务的经营要求,规范信用保险业务经营行为,防范化解风险,保护消费者合法权益,促进信用保险业务持续健康发展。

2020年11月,为规范保险代理人经营行为、保护消费者合法权益、维护保险市场秩序,银保监会发布《保险代理人监管规定》(银保监会令2020年第11号)。该规定的重要意义在于把保险专业代理机构、保险兼业代理机构和个人保险代理人纳入同一部门规章进行规范,并与之前发布的《保险经纪人监管规定》和《保险公估人监管规定》共同构成了较为完整的保险中介监管制度框架体系。

2020年12月,针对互联网保险业务快速发展暴露出来的问题和风险隐患,银保监会发布《互联网保险业务监管办法》(银保监会令2020年第13号)。该办法主要内容包括厘清互联网保险业务本质、规定业务经营要求、规范营销宣传和售后服务、按经营主体分类监管、创新完善监管政策和制度措施等。其目的是规范互联网保险业务,有效防范风险,保护消费者合法权

---

① 指《关于规范金融机构资产管理业务的指导意见》(银发〔2018〕106号)。——编者注

益,提升保险业服务实体经济和社会民生的水平。

2020年12月,针对责任保险边界不断扩大、社会对责任保险的理解存在偏差、市场行为不规范等问题,银保监会发布《责任保险业务监管办法》(银保监办发〔2020〕117号),旨在进一步规范责任保险经营行为,保护责任保险活动当事人合法权益,更好地服务经济社会全局,促进责任保险业务持续健康发展。

此外,2020年7月,银保监会依法对天安财险、华夏人寿、天安人寿、易安财险四家保险机构实施接管,这是近年来整治保险市场乱象工作在2020年的一个延伸。在发现问题机构之后,如何对其进行处置十分考验监管智慧。需要在强化市场纪律与维护金融稳定之间把握好平衡,在这一过程中,分类施策、遵循市场规律尤为重要。

从五中全会公报看社会养老保障体系发展方向

陈 凯

2020-11-06

近年来,随着我国人民生活水平的逐步提高和人口老龄化问题的加剧,社会保障体系的构建和未来应对人口老龄化的国家战略越来越受到重视。中国共产党第十九届中央委员会第五次全体会议发布的会议公报(以下简称"五中全会公报")中明确指出,要"健全多层次社会保障体系,全面推进健康中国建设,实施积极应对人口老龄化国家战略,加强和创新社会治理"。这给出了我国社会保障体系未来的发展方向。"十三五"期间,我国建成了世界上规模最大的社会保障体系,基本医疗保险覆盖超过十三亿人,基本养老保险覆盖近十亿人,新冠肺炎疫情防控也取得了重大战略成果。未来的"十四五"时期,我国的主体目标将是健全多层次社会保障体系,完善卫生健康体系。然而,要实现这一目标并不简单,目前我国的社会保障体系中还存在保障层次不足、统筹层次较低、保障公平性有待提高等诸多问题。在这里笔者将着重分析我国养老保险体系中存在的问题和未来的发展方向。

我国目前的养老保险体系采用世界上较为流行的三支柱体系,通过政府、企业和个人来共同分担未来的养老保障。五中全会公报中提到目前基本养老保险已经覆盖近十亿人,然而随着我国的老龄化进程加剧,在未来的五年到十年间,随着越来越多的独生子女父母进入老年,我国养老服务将面临更大的挑战和考验。

首先,保障层次不足。对于城镇职工而言,我国养老保险体系的三支柱已经基本形成,其中,政府主导并负责管理的城镇职工基本养老保险为"第一支柱",政府倡导并由企业自主发展的企业年金和职业年金为"第二支柱",税收递延型个人养老金制度则为"第三支柱"。然而,这三支柱的保障程度却相差甚远,第一支柱仍然是居民退休后的主要收入来源。截至2019年年底,城镇职工基本养老保险的参保人数已达4.3亿,基金累积也已经达到了5.4万亿元人民币。而第二支柱的企业年金覆盖率只有6%左右,覆盖人数仅有2548万,基金结余约为1.8万亿元人民币。而且央企及大型国有企业已有的企业年金市场容量逐渐饱和,中小企业建立企业年金的动力不足。自2015年以来,国内企业年金发展进入瓶颈期,参与人数增速缓慢,企业年金职工参与人数占城镇职工基本养老保险人数的比例甚至出现了短暂的下滑。税收递延型个人养老金制度作为第三支柱才刚刚建立不久,仍处于试点探索阶段,后续的政策和发展方向还无法确定,其究竟能在养老保障体系中发挥多大作用仍有待观察。而城乡居民更是只有城乡居民基本养老保险作为老年之后的收入保障,其保障层次和保障程度都不足以提供体面的老年生活。

其次,统筹层次过低。这其实也是个老生常谈的问题。但这个问题却是我国养老保险制度存在很多问题的重要根源之一,也是我国社会保障体系中的关键漏洞之一。其主要原因是长期以来我国各地发展的不平衡。一些省市经济发展较好,工资增长速度较快,以工资为基数征缴的基本养老保险收入也会更快地增长。同时,经济快速发展会给这些省市积累更多的财力,从而降低养老费率,给企业更多的补贴,形成良性循环。而经济发展不好的省市则正好相反,政府财力不足,企业压力更大,形成恶性循环。经济发展的不平衡还造成了人口结构的不平衡。大规模的年轻劳动力从经济不发达地区向经济发达地区流动,而老年人则留在了经济不发达地区,经济不发达地区的老龄化趋势进一步加剧,养老保险体系岌岌可危。五中全会公报提出要健全社会保障体系,这就需要尽快提高统筹层次,建立国家统筹层面的养老体系,通过由国家统一调配养老基金解决区域不平衡问题。

最后,保障公平性有待提高。长期以来,我国养老保险体系内的公平性问题一直备受关注。由于历史遗留问题,我国不同身份、地区、行业的人群所参加的养老保险制度类型各不相同,造成人们退休后的养老保险待遇差别较大。2015年,国务院启动了机关和事业单位人员的养老体系改革,将机关和事业单位的养老体系与城镇职工的养老体系并轨,以保证城镇职工之间的公平性。两者的第一支柱采用了同样的社会基本养老保险,第二支柱则分别为职业年金和企业年金。目前来看,并轨取得了一定的效果,然而并没有完全地解决企业职工和机关事业单位职工在养老保险上的不公平性。这主要还是因为企业年金的覆盖面不足,造成很多企业的职工缺少第二支柱养老保险的补贴,从而最终的退休收入受到影响。城乡居民养老保险的保障程度则更低,城乡居民基本很难单纯依靠养老保险收入来维系老年生活。

  总体来看,我国虽然已经建立起了多层次的社会保障体系,也覆盖了绝大多数的居民,但还存在很多问题。而养老保险作为多层次社会保障体系中的重要一环,关系着居民未来的老年生活质量。"十三五"时期,我们实现了养老金并轨的问题,在一定程度上促进了养老保险制度的公平性。在未来的"十四五"时期,乃至"十五五"和"十六五"时期,健全多层次的养老保险体系将是一个长期存在的问题。我国需要尽快提高统筹层次,提高第二支柱和第三支柱的保障水平与覆盖范围,提高不同人群和地区在养老保险水平和养老服务上的公平性。因为养老保险改革绝对不是一个孤立的事件,而是我国社会保障体系中不可或缺的关键因素,也是未来我国应对人口老龄化战略的重要支撑。这次五中全会公报再次提到要健全多层次的社会保障体系,我们有理由相信,我国的多层次社会保障体系将在"十四五"时期得到进一步完善,居民生活水平将得到进一步提高,人民生活也将变得更加美好。

完善针对中低收入人群保障体系

姚 奕

2020-11-27

十九届五中全会公报明确提出"十四五"时期我国经济社会发展的主要目标,其中包括多层次社会保障体系更加健全,卫生健康体系更加完善。近年来,我国多层次的医疗保障体系框架已布局清晰:我国的基本医疗保险体系包括城镇职工基本医疗保险和城乡居民基本医疗保险。这第一层保障是我国基本医疗保险体系的基石,已实现"广覆盖、保基本"的政策目标;与之对应,职工大额医疗费用补助和城乡居民大病保险作为这两种基本医疗保险的有效补充,在不额外增加缴费的前提下,覆盖大额医疗支出,普遍减轻人民的医疗费用负担。

在旨在"保基本"的社会医疗保险之外,国家鼓励发展商业健康保险作为第二层保障。2009年以来,国家出台了一系列政策来促进商业健康险蓬勃发展,以解决多层次、多元化、个性化医疗保障需求。这类保障可以是个人购买的商业医疗保险,包括重疾险、高额医疗费用保险(如"百万医疗险")、失能护理保险等,也包括企业为员工投保的团体商业补充医疗保险。第二层次的保障为有一定支付能力且有更多样化医疗需求和投资需求的个人、家庭和单位提供了定制化的保障选择。随着经济发展和医疗需求升级,我国民众对于健康保险的意识不断增强,商业健康保险的保费收入自2012年以来始终保持了约20%的年增速。2019年,这一增速高达近30%。结合2020年新冠肺炎疫情在全球暴发的态势,行业普遍感受到民众的投保热情进一步上升,在经济增速放缓的背景下,依旧可期商业健康保险继续保持较高水平的增长。

第三层保障是普惠性的补充医保。普惠补充医保以城市为单位,以发达省份或城市为主,在近年来得到快速推广,并且有效地结合了基本医疗保险和商业健康险,填补了保障空白。针对"建档立卡户""五保户"这一类低收入群体,各地在脱贫攻坚的过程中,也基本都打包推出了政策性的补充医疗保险(如"扶贫保险"),使得这一群体无须缴纳保费,即可获得保障。而且补充医保通常取消了起付线的约束,并将自付比例降到5%甚至更低。

在这一整体布局之下,全体人民基本实现了基本医疗保险的覆盖,而在补充医疗保险层面,中高收入群体和绝对低收入群体也分别对应了较为合适的市场或政策性保障渠道,相比较而言,处于政策空白的是中低收入群体的补充医疗保险。这类群体不太可能被企业的团体补充医疗保险覆盖,通常也没有经济能力承担商业健康长期保单的保费,但又无法被纳入普惠性医保的范畴中。但他们同样也存在发生高额医疗费用的可能性和因此陷入财务窘境的危机感。他们对于补充医疗保险有需求,但保险市场给这一群体提供的选择明显不足。

在客观需求广泛存在而正规保险市场供应不足的背景下,伴随着智能手机的普及和互联网平台的蓬勃发展,健康互助平台应运而生。这在一定程度上缓解了中低收入群体对于发生健康风险的焦虑感,也填补了商业保险市场在这一细分市场中的不足,因而受到了很多互联网用户尤其是习惯在手机上进行快速消费的青年群体的认可。但互助平台在性质上不同于商业保险公司。它虽然与相互保险公司在名称和目的方面存在相似之处,但在定价、资金运营和组织结构方面均存在实质性的差异。具体而言,这使得互助平台在产品开发模式和商业运作模式方面都面临重大挑战。

首先,互助平台大多采用将长期重疾险短期化切分销售的产品开发模式,由于长期产品被短期化,而且早期投保用户普遍年龄偏低,因此,大量风险存在滞后性。随着时间推移,如果新增低风险客户比例下降,那么风险池的风险水平自然随时间推移而上升,平均赔付金额也会随之上升,也必然给用户带来经常涨价的不良体验,促使较低风险的老用户选择退出,形成类似于柠檬市场的"死亡螺旋"。由于市场竞争的加剧,进一步吸引低风险客户的难度也逐年上升,这一态势似乎难以避免。

其次,互助平台在资金运营方面比传统保险公司受到更多的限制,商业化的运作模式不够明确。平台在获客、理赔和运营方面都存在较高的运营成本,但是收入是以管理费的形式收取,因此,平台通常采用与保险经纪公司合作推广保险产品的方式获得广告收入。这一渠道具有其天然的优势,但也使得用户教育更加困难,因为用户通常花费较少的时间做出加入互助平台的决定,本就很难分清互助、慈善(比如大病众筹平台)和保险的不同。加入保险推销使得信息更加繁杂,容易使消费者产生误解。

为实现互助平台的长期持续发展,需要重点关注逆向选择、道德风险和用户教育三个方面的问题。互助平台所面临的随着分摊额上涨,优质客户不断流失的趋势并不是传统意义上保险公司所面临的"逆向选择"问题。因为互助平台其实可以观测到用户的一些基础信息,因而可以更好地实现风险定价。就普遍多数用户而言,加入互助平台时并没有过多的"私人信息",导致互助平台无法合理定价,平台选择用这种初期低分摊额的方式吸引更多的用户加入,那么长期内的风险池恶化只是必然的结果,而非"选择"所造成的。控制道德风险是互助平台能够长期存续的关键,即在应赔尽赔的同时,做到"不应赔绝不赔"。杜绝欺诈是在尾端控制风险的重要手段,也是培育用户信任的关键。

最后,用户教育实际上是缓解逆向选择和道德风险的重要途径。现阶段,平台比较关注吸引用户加入,但是长期内用户的维护和持续教育实际上非常关键,可以在一定程度上避免"死亡螺旋"的出现。可以考虑针对年轻用户的消费特点设置一定的线上培训、教育游戏,在初年低费用的前提下,要求用户在初次加入平台后的一段时间内完成培训,获知分摊额会逐年上升的基本事实,提醒用户关于健康告知的重要变化,避免对于互助产品理赔范围的误解,防止出现收钱后不作为、理赔时细翻旧账的问题,在产品流程中把用户教育落实常态化。

商业养老险发展的"1+3"思路

郑 伟

2020-12-18

    2020年12月9日,国务院常务会议部署促进人身保险扩面提质稳健发展的措施,重点涉及商业健康保险、商业养老保险和保险资金运用等议题。本文从会议相关内容出发,聚焦讨论商业养老保险发展的基本思路。

    此次国务院常务会议关于商业养老保险的表述是"按照统一规范要求,将商业养老保险纳入养老保障第三支柱加快建设。强化商业养老保险保障功能,支持开发投保简便、交费灵活、收益稳健的养老保险,积极发展年金化领取的保险产品。针对新产业新业态从业人员和各种灵活就业人员需要,开发合适的补充养老保险产品。鼓励保险公司提供老龄照护、养老社区等服务。鼓励保险业参与长期护理保险试点"。篇幅虽然不长,却蕴含着未来我国商业养老保险发展的"1+3"的基本思路。

"1+3"中的"1"是关于商业养老保险发展的基调定位。国务院常务会议提出的"按照统一规范要求,将商业养老保险纳入养老保障第三支柱加快建设",给商业养老保险发展确定了基调,具体包括三层含义:第一,统筹推进。商业养老保险是广义的"养老保障第三支柱"的重要组成部分,要将其纳入第三支柱,与第三支柱整体建设统筹推进。第二,加快建设。中国人口老龄化已经进入急剧深化阶段,对多层次养老保险体系建设提出了急迫的要求,商业养老保险和第三支柱作为多层次养老保险体系的重要力量,需要加快发展、加快建设。第三,统一规范。商业养老保险发展要有章可循,要有统一标准,要在规范中创新,要真正具备养老功能,避免名不副实,避免商业养老保险的异化发展。

十九届五中全会通过的《中共中央关于制定国民经济和社会发展第十四个五年规划和二〇三五年远景目标的建议》明确提出"发展多层次、多支柱养老保险体系",而我国现实发展情况与理想的"多层次、多支柱"的要求还相去甚远。从2020年三季度末相关数据看,我国多层次养老保险基金总计约9.3万亿元。其中,第一层次(基本养老保险)约5.74万亿元,占比61.7%;第二层次(企业年金和职业年金)约3万亿元,占比32.3%;第三层次(个人商业养老年金保险等)约0.56万亿元,占比仅

6%,占比过小,而且第三层次中的个人税延养老保险规模之小几乎可以忽略不计。在这样的背景下,国务院常务会议关于商业养老保险"统筹推进、加快建设、统一规范"的定调就显得尤为重要。

"1+3"中的"3"涉及商业养老保险发展的三方面内容:一是高质量发展,二是包容性发展,三是综合式发展。

首先,在高质量发展方面,国务院常务会议要求"强化商业养老保险的保障功能",这是"保险姓保"和保险业高质量发展在商业养老保险领域的具体要求。保险之所以被称为保险,最本质的是因为它具有风险保障功能。对于商业养老保险,其最核心的风险保障功能体现为应对"长寿风险",能够高质量应对长寿风险的商业养老保险才是高质量的养老保险。如何强化商业养老保险的保障功能,要从养老保险的两个时期即"积累期"和"领取期"来分别讨论。

在积累期,重点是要给公众提供参与商业养老保险的激励。参与激励不仅取决于价格门槛的高低,而且取决于交易成本的高低和产品性价比的高低。比如,投保手续是否简便、交费机制是否灵活、会影响交易成本的高低程度(试点中的税延养老保险,其操作流程复杂就是交易成本高的例子);长期投资收益是否稳健,会影响产品性价比的高低程度。这二者都会影响公众参与商业养老保险的激励。在领取期,重点是要为消费者提供"长寿风险管理"。为有效管理长寿风险,养老金领取应当实质性地鼓励实行终身年金化领取。因此,国务院常务会议针对积累期提出的"支持开发投保简便、交费灵活、收益稳健的养老保险",以及针对领取期提出的"积极发展年金化领取的保险产品",可以说均切中肯綮。

其次,在包容性发展方面,国务院常务会议要求"针对新产业新业态从业人员和各种灵活就业人员需要,开发合适的补充养老保险产品",这是保险业包容性发展在商业养老保险领域的具体要求,也是对近几年税延养老保险试点所暴露问题的回应。商业养老保险尤其是有税收优惠等政策支持的商业养老保险,其制度设计不能仅考虑正规就业人员,而应同时将各种灵活就业人员也考虑进来。

始于2018年5月的税延养老保险试点,其效果远低于预期。截至2019年年底,三个试点地区共有23家保险公司参与试点,累计实现保费收入仅2.5亿元,参保人数仅4.7万。试点效果不佳的原因很多,其中一个重要方面涉及制度设计问题。比如,税优政策覆盖人群小,有测算显示,税延养老保险税优政策主要覆盖月收入2万元以上的人群,目前这部分人群大约只有1000万人。在这样的制度设计下,大量新产业新业态从业人员和灵活就业人员可能就被排除在税延养老保险政策覆盖范围之外了。因此,国务院常务会议提出"针对新产业新业态从业人员和各种灵活就业人员需要,开发合适的补充养老保险产品",一是强调拓展覆盖对象,二是强调遵循消费者适当性原则,对商业养老保险包容性发展具有重要指导意义。

最后,在综合式发展方面,国务院常务会议提出两个"鼓励",一是鼓励"保险+服务"("鼓励保险公司提供老龄照护、养老社区等服务"),二是鼓励"养老+长护"("鼓励保险业参与长期护理保险试点")。我们知道,全面的"养老保障",不仅需要经济保障(如养老保险),而且需要服务保障(如养老服务),否则如果光有钱但无法购买到合适的服务,则养老保障仍是缺失的;而且,全面的"养老保障",不仅需要应对长寿风险(如通过养老保险),而且需要应对长期失能风险(如通过长期护理保险)。因此,国务院常务会议鼓励的"保险+服务"和"养老+长护",为商业养老保险的综合式发展指明了方向。

CCISSR 新冠肺炎疫情风险管理

新冠肺炎疫情对保险业影响几何

刘新立

2020-02-07

2020年1月以来，突如其来的新冠肺炎疫情打乱了14亿人原本正常的生活节奏，也对保险业造成了一系列的影响。

短期来看，对于寿险业来说，首先，近一段时间，人员流动以及社区防控力度空前，寿险业代理人的拜访也随之陷入停顿。近些年来，个人代理渠道和银行代理渠道成为寿险业的两大业务渠道，合计贡献保费在九成以上。而随着保险业回归保障本源，万能险等理财类产品高度依赖的银保渠道逐渐萎缩，如今的上市险企乃至整个寿险业都在进一步巩固个险渠道发展,2016—2018年的三年间,个险和银保的各自贡献情况发生了明显变化,个险保费的贡献比重从2016年的36%上升到2017年的50%,再到2018年的近60%。考虑到人们对病毒人际传播的担忧,代理人展业及拜访的停顿可能是寿险业面临的最大挑战。

其次,虽然与疫情相关的索赔费用仍不确定,但众多可能的患病被保险人未来治疗的医疗费用将会给保险公司带来系统性负担。目前看新冠病毒感染的病死率较低,所以最终死亡索赔的影响可能也将是比较温和的。

对于财险业来说,疫情带来的压力较大,主要包括,近期内旅游取消保险的索赔急剧增加;如果疫情迟迟得不到缓解和消除,业务中断以及其他一些责任保险索赔率可能也将大幅增加;经济放缓可能导致信用担保保险合同的索赔率上升;疫情暴发还可能影响2020年年初的汽车销量,这使得本已前景暗淡的汽车保险增长更加不乐观。

在保险投资方面,疫情暴发以及众多省份启动一级响应,势必增加经济增长放缓的压力,进而导致股票市场波动性增大,影响保险公司投资收益率。从上市险企的年报预告来看,2019年净利润大幅增长,这一方面是因为保险企业手续费及佣金支出税前扣除政策施行后,企业所得税费用大幅降低;另一方面就是股票市场收益率高,权益市场尤其是险资偏好的大盘蓝筹表现较好,带来投资收益的大幅提高。因此,短期市场如果受疫情拖累,会使保险公司业绩增长雪上加霜。

当然,短期影响也不仅仅是负面的,首先,此次疫情是一次典型的风险事件,发生概率小、损失巨大,这正是可保风险的重要特征。在全国范围内兴起卫生习惯教育的同时,对于保险这种防范风险损失的金融手段来说,也是一次难得的消费者培育的时机。其次,促进线上销售的发展。因为疫情暴发恰逢春节假期,大家都在家里不能出去,对网络及自媒体上不断更新的相关信息更为关注,黏性更高;同时因为担忧心理,除了更加注意相关保障方法,消费者在面对有关保险产品时,也更能以一种风险保障的视角去解读,这些都将会促进线上保险的销售。此外,我国800万寿险代理人当中,有近一半是在2015年之后才开始涉足这个行业,这些代理人中有很多了解自媒体的信息传播规律,加之近几年来保险公司意识到提升代理人"人均产能"已成为公司新业务价值的共同战略,因此纷纷启动了增加个险营销人员专业技能、保持个险竞争力的措施,因此这个特殊阶段也是代理人获客方式转变的一个契机。例如,有一些代理人就抓住这个机会,组建了微信群,一方面分享防疫知识,另一方面宣传保险知识,效果很好。

长期来看,此次疫情暴发对于保险行业发展来说则是在挑战中蕴含着机遇,主要体现在:第一,疫情发生后,众多保险公司不仅在第一时间为一线医护人员及其家属捐赠了专属保险保障,而且宣布取消关于医疗险赔付的药品限制、诊疗项目限制、等待期限制等各项限制,自动将新冠肺炎纳入承保范围,简化理赔手续等,此外部分保险机构还扩大了原有保险的承保范围,这些举措都以独特的方式表达了社会责任感,令人感动和赞许,也加深了公众对保险的认知。第二,重大风险事件历来都会激发公众对未来不确定性的重视,在寿险业方面,消费者由此会更加注重风险保障,这体现在人们不仅接受了一定的个人卫生习惯等类似的控制型措施,也会更为认可保险这样的金融措施。保险业应加大宣传,使得消费者认识到,病毒扩散等各种突发事件来得猝不及防,存在侥幸心理就意味着不安全、意味着暴露于巨大的风险之中。由此,此次疫情将会提高大家的保险意识,进而有助于寿险业的长期发展。应当先以健康险及养老险等产品为出发点,将公众对保险的印象从过多停留在理财、获得投资收益的层面引导到领会其风险保障的层面,从这个角度来说,作为全球第二大寿险市场,中国寿险业的增长潜力依然强劲。第三,就像此次疫情极大促进了在线教育的普及与发展一样,无法面对面交流也将使保险公司更加注重远程分销业务的发展,技术进步更为这种方式的实现提供了工具,这将推动传统保险分销方式的加速革命。第四,疫情暴发对旅游、餐饮、交通、零售等行业有直接的冲击,其他很多行业也会受到间接影响。对财险业来说,众多企业客户将更加重视未来市场中的不确定性,业务中断等责任险的需求可能会增大。我国财险业很多年来都是车险业务占大多数,而当前在新车销售增长放缓、商业车险定价改革等多重作用下,占国内财险业七成份额的车险市场保费增长持续放缓,承保面临接近盈亏临界点的严峻态势。但实际上,财险业务涉及的风险众多,经济越发展,风险越凸显和变得复杂,对于保险的需求就越大。非车险领域的需求增加,将会在一定程度上抵消车险市场面临的不利局面,而这将促进财险公司承保专业知识和定价技术的提高,进而提高财险业的发展水平。

巨灾风险管理需要事前防控与事后应急并重

贾若

2020-02-21

巨灾风险是当代人类社会面临的重大挑战。从全球范围来看,巨灾并不罕见,常见的包括台风、地震等自然灾害,恐怖袭击、危险品泄漏和爆炸等人为灾难,以及传染病等重大突发公共卫生事件。巨灾一旦发生,往往会对某些地区甚至整个国家的正常经济和社会秩序造成重大冲击,造成损失。巨灾有多种定义,但其特点是容易概括的,即个体风险之间高度相关和损失规模巨大。从商业保险的角度讲,损失规模巨大意味着对于保险公司的资产和资本而言是巨大的;从社会和国家的角度讲,损失规模巨大意味着对于某些地区和国家的经济总量而言是巨大的。基于上述特点,巨灾一旦发生所造成的损失,通常远远超过巨灾风险管理的成本,因此,巨灾风险管理的投入产出比是很高的。当前,我国的巨灾风险管理偏重于在巨灾发生后,调动多方资源迅速参与事后应急管理,降低巨灾损失;但所谓"上医治未病",最佳的巨灾风险管理策略应当重在事前防控,降低巨灾风险。

一般的风险管理流程包括连续循环的四个步骤,即确定风险管理目标、风险识别、风险评估,以及采取风险管理措施。巨灾风险管理也不例外。下面笔者从这四个步骤探讨巨灾风险管理,并特别针对事前风险防控提出一些思考和建议。

首先,确定合理的风险管理目标是巨灾风险管理的基础。笔者认为,巨灾风险管理的目标应当包括两个方面,即降低巨灾的发生频率和损失严重程度。巨灾风险管理的目标不应当是消灭巨灾。以传染病风险为例,事前传染病风险管理的目标不应当是消灭传染病风险,即决策者、研究者,特别是公众应当时时刻刻清醒地认识到,传染病风险仍将长期存在,类似的疫情在未来一段时间内还有可能发生,而且在足够长的时期中一定会再次出现。

其次,正确识别风险是事前风险管理的前提。对于已发生过的巨灾风险类型,风险识别相对容易。比如,四川地区存在地震风险,东南沿海地区存在台风风险,重化工业区存在危险品泄漏和爆炸风险,美国重点城市存在恐怖袭击风险等。

再次,风险评估是事前风险管理流程中最关键也最困难的部分。风险评估具体包括评估某种类型风险的频率(多少年一遇)和损失严重程度(经济损失、人员损失等)。需要特别指出的是,提高风险评估的准确性,需要跨学科、高水平、长时间的研究和经验积累。在多种类型的巨灾风险中,人类对洪水、台风的风险评估水平是比较高的,可以比较准确地预测长期损失频率,事前短期的巨灾预警能力也较好(台风警报);但人类对另一些巨灾风险,比如地震、森林火灾、某些传染病风险的认识水平还比较低,事前短期预判能力也相对不足。改善对某种风险的认知,不可能一蹴而就,事前短期风险预判(台风过几天的强度如何、会经过哪里)是建立在长期经验积累和科学研究基础上的,政府的短期预警决策、管制措施,只有在更确定的科学预测支撑下,才会更自信、更坚决、更果断。人类对地震、流行病疫情这些风险的经验和科学积累不足,一方面是由于这类风险的频率相对较低,经验积累困难;另一方面也正是由于这类风险暴发频率低,容易被"遗忘",大部分风险的潜伏时间对人类来说是冷学科、冷知识,导致研究和知识积累进展缓慢。在风险临暴发前的短期预判时难以形成一致的科学共识,短期风险评估更容易出现高估和低估。当然,事后评判高估或低估了风险是容易的,事前做出准确的风险评估是困难的,需要长期科学研究和经验积累。在地震、传染病疫情预警等方面,决策者有时需要在信息高度不确定的情况下,做出决策和采取行动。

最后,风险管理措施是在风险评估基础上所采取的行动。这里所说的风险管理措施包括风险回避、风险防控、风险转移和分散、风险自留四大类别。风险回避适用于风险潜在损失较大、风险暴发频率相对较高、潜在收益较低的行为和活动。

风险防控是应用范围最广泛,大量情景下可行的事前风险管理措施,包括以降低风险发生频率为目标的"预防"和以降低风险损失程度为目标的"控制"。常见的风险防控措施包括,提高房屋和基础设施抗震等级,严格养殖场封闭管理和禽畜检疫交易流程等。这些风险难以回避,是因为大部分人不能不住房子、不吃肉。对于传染病疫情风险,提高人民健康卫生素养,提高国家整体环境卫生标准,加强流行病预防控制基础设施建设,是疫情风险防控的重要长期措施。事前风险防控的另一方面还包括为风险事件暴发之后的应急管理做充分的事前资源准备,例如准备金、物资储备、具备专业技术和知识的人力资源储备,以及公众对巨灾的心理准备等方面。

风险转移和分散是商业风险管理中的重要手段。巨灾风险管理的主要手段体现在建立全国统筹、全球协作的风险管理机制方面。风险只有在巨灾发生前在更广的范围内分散,才能在巨灾发生后的最短时间内集中最广泛的资源来应急管理,降低巨灾损失。从事前风险转移和分散的角度,巨灾风险管理体系应当充分发挥全球商业保险和再保险市场的风险分散能力,提高向国际市场转移巨灾风险的比例。这样在巨灾发生时,可能会以更快的速度、更可靠的方式汇集全球更多的资源。保险机构聚集应急资源的速度、能力和水平是比较专业的。

人类对于风险的识别和认知是非常有限的,大多数风险仍然是难以想象的"未知风险",很多低频高损风险往往是被严重低估的。对于它们,人类是默认风险自留的,可能也缺乏有效的、系统性的事前风险管理方案,建立事前风险管理体系也力不从心。

新冠肺炎疫情防控中的风险管理

郑 伟

2020-02-28

新冠肺炎疫情警示我们，我们处在一个典型的风险社会。1996年彼得·L.伯恩斯坦（Peter L. Bernstein）在他那本著名的《与天为敌：风险探索传奇》（*Against the Gods：The Remarkable Story of Risk*）中发表过一个振聋发聩的观点——区分现代与过去时代的界限标志，不是科学、技术、民主，而是人类对风险的掌握程度（mastery of risk）！我国正在推进国家治理现代化，风险管理应当是国家治理现代化的题中应有之义。这次重大疫情暴露出我国在诸多领域的风险管理方面存在明显短板,我们距离国家治理现代化还有漫漫长路。

风险管理中有一个概念叫"风险成本"(cost of risk)。从社会风险管理的角度看,存在一个简单等式:"总风险成本"等于"无风险社会总福利"减去"风险社会总福利"。这里的"无风险社会总福利"是一种理想状态,即假设这个社会是无风险社会,那么这个社会的总福利就是无风险社会总福利;而我们知道,现实中的社会是有风险的,所以现实社会的总福利就是风险社会总福利;此二者之差就是风险给社会带来的总福利的减少,即总风险成本。

上面那个等式经过简单变换可以得到另一种表达形式,即风险社会总福利等于无风险社会总福利减去总风险成本。从这个新等式可以看出,如果我们能降低总风险成本,那么我们所处的现实的风险社会的总福利就将提升;进一步,如果我们能使总风险成本最小化,那么风险社会总福利就将实现最大化。可见,降低"总风险成本"是关键。

什么是总风险成本?总风险成本主要包括三大块:一是损失期望成本,即各种直接或间接损失的期望成本;二是风险管理成本,即采取风险管理措施所带来的成本;三是剩余不确定性成本,即采取风险管理措施之后仍然不能完全消除的剩余不确定性所带来的成本。这三部分成本加在一起,就得到一个总风险成本。

这三部分成本之间存在一种什么样的关系呢?我们知道,采取风险管理措施,通常会带来损失期望成本和剩余不确定性成本的降低,但是采取风险管理措施本身又会带来风险管理成本的提高,它们之间存在一种此消彼长的关系。更具体地看,常见的风险管理措施包括风险控制、风险融资等,其中,风险控制措施包括损失预防(防损)措施和损失减少(减损)措施,它们通常能降低损失期望成本(包括直接损失和间接损失的期望成本)和剩余不确定性成本;风险融资措施包括风险自留措施和风险转移措施,它们虽然通常不能降低直接损失的期望成本,但能降低间接损失的期望成本和剩余不确定性成本。

正是由于风险管理成本与损失期望成本及剩余不确定性成本之间存在上述此消彼长的关系,因此理论上存在一个最优风险管理水平,这个最优风险管理水平不是无所不尽其极地采取所有最高等级的风险管理措施,而是权衡取舍,找到一个使总风险成本最小化的风险管理水平。

用以上风险管理思维来看新冠肺炎疫情防控工作,可以得到几点启示:

第一,风险管理应当"因险施策"。不同风险具有不同的特点、不同的损失期望成本、不同的剩余不确定性成本;对于同样的风险管理成本,不同风险也会表现出不同程度的反应,从而带来不同的风险成本和风险管理效果。中华人民共和国成立以来,我们有过多次抗击自然灾害的经验,但对于重大突发公共卫生事件却明显准备不足。新冠肺炎疫情风险与地震等自然巨灾风险有很大不同,地震巨灾风险虽然猝不及防,但影响的地理范围相对有限;新冠肺炎疫情风险虽然不是一夜全面暴发,但一个月时间就传遍世界,影响的地理范围极其广大。因此,如果说对于地震巨灾风险，主要的风险控制措施是"减损"（比如抢险救灾），那么对于新冠肺炎疫情风险，风险控制措施就应当是"防损"与"减损"并重（比如早隔离、早治疗），并且将防损即防止疫情扩散作为一项极其重要的工作。

第二，风险管理应当"因时制宜"。新冠肺炎疫情防控，应当根据疫情发展的阶段和形势，采取相应的风险管理措施。比如，在疫情发展早期（如2020年1月上中旬的武汉），虽然当时如果启动相应级别重大突发公共卫生事件响应等风险控制措施，可能会带来一定的风险管理成本（包括一定的公众恐慌和社会停摆的成本），但是早期疫情损失期望成本和剩余不确定性成本较低，因此总风险成本会比较低，风险管理效果也会比较好。如果进一步考虑当时武汉正在召开地方"两会"，代表委员正在代表人民履行职责、参政议政，那么实在没有理由不启动显然具有较好风险管理效果的应急响应机制。当然，在1月下旬中央强力介入之后，经过一段极其艰苦的抗击斗争，疫情防控形势终于开始出现转机，但是社会为此付出的总风险成本之高、生命健康代价之惨烈，令人悲痛。

第三，风险管理应当"因地制宜"。新冠肺炎疫情防控，应当根据各地疫情发展形势，分区分级采取差异化的风险管理措施。经济社会是一个动态循环系统，不能长时间停摆，中央要求高风险地区继续集中精力抓好疫情防控，中风险地区依据防控形势有序复工复产，低风险地区在外防输入的同时全面恢复生产生活秩序。这些表面看起来分区分级差异化的风险管理措施，其背后的风险管理思维逻辑却是一致的，即尽力降低每类地区的风险成本,使社会总风险成本最小化,从而在一个现实的风险社会中,增强企业和社会的复原力,尽力实现社会总福利的最大化。有人可能会说,虽然理论上存在一个最优值,但在实践中由于无法精确度量风险成本,从而无法找到最优风险管理水平。这种说法有一定道理,但其实在风险管理中,最重要的不是要精确找到那个所谓的最优风险管理水平,而是要培养人们风险管理的思维意识,既避免对风险听之任之的"无为而治",又避免不计代价的"无所不用其极"。

高度重视新型传染病的危害与应对

孙祁祥

2020-03-06

新冠肺炎疫情的暴发,属于重大公共卫生安全风险事件,不仅给人们的生命和健康带来了严重的威胁,还对经济社会生活产生了重大冲击。

回顾21世纪以来集中暴发的各类风险事件,人类所面临的风险类型越来越多,挑战不断升级,而其中"恐怖主义"和"金融危机"因其直观的威胁和危害尤甚,各国都给予了极高的警惕并做出了各种可能的应对。但实际上,"传染病"风险因其自身的特性,从某种意义上来说,其危害程度比恐怖主义和金融危机更大。埃博拉疫情暴发之后,比尔·盖茨在2015年的TED演讲中向世人发出了振聋发聩的警告:"如果有什么东西在未来几十年里可以杀掉上千万人,那更可能是个有高度传染性的病毒,而不是战争、导弹。"

的确,新型传染病风险所具有的以下两个重要特征,导致相对其他类型的风险来说,防范难度更大,造成的危害更强。

一、巨大的不确定性

不确定性是所有风险的"共同标签"。完全可以这样说,没有不确定性的存在,就没有风险的危害,也就凸显不了风险管理的重要性。但相比而言,传染病风险的不确定性特征则更为突出,这可以从以下两个方面来观察:

首先,从风险成因的角度来看。人类无知的边界永远大于已知,这是常识,也是绝对真理,对于传染病这类风险来说更是如此。与恐怖主义和金融危机这些纯粹的人为灾祸不同,传染病毒,特别是一些高危病毒,由病原体生物产生,经人类活动传播,这种具有"自然"与"人为"双重因素的风险发生机理,导致更多未知和不确定性因素的存在。特别是在信息时代和经济全球化的背景下,由于人口密度的增加和人口流动的加速,更是加剧了"自然"与"人为"因素的交织与互动,进一步增加了此类风险的复杂性。

其次,从风险应对的角度来看。人类在应对恐怖主义和金融危机时,是人与人之间的博弈,而在抗击传染病毒时,是人类与一种不以人的意志为转移的非人类之间的博弈。由于病原微生物的变异性,每一种新型病毒都是一个新的"事物",囿于当时的认知,人类在应对每一次新型传染病时,很难像应对恐怖主义和金融危机那样,可以使用较为成熟的组合措施和手段。传染病的源头、发生机理、传播链条、传播速度和致命性等都需要从基础性的病理研究开始,治理方案也需要积累大量临床表现。国家卫健委迄今已连续7次更新治疗方案;至今全国已经累计确诊超过8万人,但"零号病人"仍是一个谜;比尔·盖茨甚至称"2019年新型冠状病毒开始表现出百年不遇的病原体的迹象",这些事实都说明,人类对新型病毒的认识是一个不断深化的过程。在这种情况下,撇开一些主观人为的因素,例如"瞒报"或"漏报",客观地说,出于对疫情的传染性特征所可能导致的民众生活、经济活动受到影响的范围和程度的考虑与权衡,决策者肯定会面临一个在疫情的发布时点和发布范围上如何准确把握的"度"的难题。如果这个度没有把握好,就有可能出现两种情况:一种是"应对过度",这可能导致对人民群众正常生活和经济活动秩序的打乱;另一种是"贻误战机",这可能导致极大的人员伤亡和经济损失。由此可见,仅从风险成因和人类难以迅速提供有效方案这两个方面来看,新型传染病的高不确定性及其所引发的应对的高复杂性,也是其他类型的风险难以比拟的。

二、超强的叠加效应

各类风险的发生都有可能产生叠加效应,但类似新冠肺炎这样的新型传染病的叠加效应更强,这可以从以下三个方面反映出来:

首先,客观的疾病威胁与主观的恐慌情绪叠加。恐惧是人类的本能,而恐惧源于未知。行踪诡异的传染病风险极易诱发人们的恐惧感,由此衍生出忧虑、不安、害怕等各种不良情绪,导致人身体的免疫力下降,从而更易于被病毒侵袭;如果社会应对不当,恐惧感的蔓延会加剧整个社会的恐慌,由此带来的连锁反应和巨大的"负外部性",在某种程度上的危害甚至会超过传染病本身,进一步放大传染病风险的危害程度。

其次,即期的生命健康影响与深远的社会政治影响叠加。病毒无国界。近年来世界各地频繁暴发的季节性流感、埃博拉疫情、禽流感疫情等各种传染病疫情,对世界各地人们的生命健康都造成了严重的伤害。据世界卫生组织等机构的报道,2013年在非洲暴发的埃博拉疫情蔓延到了 9 个国家;2009 年于美国暴发的 H1N1 流感蔓延到了 214 个国家,此次新冠肺炎疫情也不例外。截至 2020 年 3 月 3 日,疫情已蔓延到全球除南极洲以外的所有大洲,60 个国家已报告有确诊病例。除此之外,与其他灾祸和风险相比,新型传染性疾病所引发的对社会、政治方面的影响也极为明显,疫情让人间百态尽显:我们不仅看到了无疆的大爱与无私的护佑相伴,也看到了诽谤与歧视相交。"阴谋论"甚嚣尘上,使得原本就存在的意识形态偏见和体制之争,借由病毒的传播而更加显性化。但与此同时,在新冠肺炎疫情暴发与防控的进程中,我们也愈发体会到了"人类命运共同体"这一中国政府反复强调的人类社会之新理念的隽永与深邃。

最后,本土经济受损与全球经济受挫叠加。经济的高速稳定增长是以资本、货物、人员等顺畅流动作为基础和重要支撑的。此次由于新冠肺炎疫情的影响,大多数行业的经济活动均受到不同程度的严重影响。在世界高度互联互通的今天,疫情也严重限制和影响了国际的人文交流、商务交往和货物交换。

作为世界第二大经济体、全球制造业中心,中国不仅已经深入融合到全球产业链分工体系之中,而且近年来对世界经济增长的贡献率持续保持在30%左右。在这一重要背景下,新冠肺炎疫情对中国经济的冲击势必通过全球经济"产业链"环环相扣的生态特点,影响到其他国家的经济;后者的受挫也必然反过来加剧对中国经济的不利影响。

三、三方面的努力

面对新型传染病这样的高风险事件,人类既然回避不了,那就只能重视它、防范它,并最终战胜它,而这需要各方面的努力和卓有成效的工作,其中以下三个方面的事项值得我们高度重视:

一是认真反思,加快各项改革,尽快补齐各种漏洞,提高国家应对重大突发公共卫生安全风险事件的能力。新冠肺炎疫情的暴发,以极其惨烈的方式让我们看到了它的极度危害性,也充分暴露了我国在应对突发公共卫生安全事件方面的漏洞、短板和问题。疫情过后,我们一定要在全面深刻反思和严肃追责的基础上,将对传染病风险的预防提到重要的地位,强化风险防控前置思维,并尽快进行各方面的改革,包括:提高国家疾控中心的权责地位;建立和完善专业、及时、高效和透明的传染病信息上报通道;重视和大力支持流行病学、公共卫生、预防医学等学科的发展,尽快提高国家应对重大突发公共卫生安全风险事件的能力。

二是充分发挥社会力量,特别是保险机制的作用,形成多元化的传染病风险的应对机制。新冠肺炎疫情暴发以后,在中央和各地政府的统一部署下,各行各业快速反应。作为风险保障重要机制的保险行业也在忠实地履行自己的社会责任,做了大量工作,包括为在一线参与疫情防控人员捐赠巨额保险保障,全面升级疫情理赔服务、提供专属保险等。但除了这些事后的风险管理措施,今后保险业还应当更多地介入事前的风险防范,加强对传染病保险制度的研究,参与疾病预防管理体系的建设,为新型传染病等风险提供事前风险预防、风险评估以及风险管控的专业意见,发挥政策性保险和风险保障基金的作用。从宏观层面来看,国家应当加强对其他社会力量的培育和建设,形成多元化的风险应对机制。

三是大力提升公民的公共卫生意识,提高全民的科学、人文与健康素养,从源头上预防和阻断传染病的发生与传播。2020年2月7日《柳叶刀》发表的中国学者的论文指出:中国民间对于野生动物具有医疗作用的想象,可能导致自然界中的病毒感染人类。要避免这一后果,需要人们改变以往的饮食、健康观念,做到与自然和谐文明相处。2月24日全国人大通过立法,全面禁止非法野生动物交易、革除滥食野生动物陋习。"野味产业"是公共卫生安全的重大隐患,虽然这一法律来得有些晚了,但毕竟今后有法可依了。除此之外,还必须改变一些国人随地吐痰、乱扔垃圾甚至随地大小便的陋习恶习,当看到"关于气溶胶传播,专家给出预防建议:不要用脚踩痰"的报道时,我的第一反应和问题是:"痰为什么会在地上?"少数人的这些陋习、恶习不仅有损中国人的整体形象,更重要的是为病毒的产生和传播提供了土壤。

2015年,比尔·盖茨曾在TED演讲中提到:"面对病毒暴发,全世界都没有准备好。"五年以后,在新冠肺炎疫情肆虐之时,重读盖茨先生的这一"警世恒言",有一种悲从中来、大彻大悟的感觉。风险演化规律提示我们,这次的病毒侵袭,绝不可能是人类所遭受的最后一次灾难。

因此,为了防患于未然,人类必须高度重视新型传染病的危害性,做好各项应对准备,否则将后患无穷。

阶段性社保降费助力抗疫

吕有吉

2020-03-13

2020年1月以来,新冠肺炎疫情牵动着全国人民的心,给本该"开门红"的中国经济蒙上了一层阴霾。此次疫情传播速度之快、感染范围之广、防控难度之大自中华人民共和国成立以来前所未有。严峻的疫情面前,各行各业均遭受严重打击,尤其是线下服务行业,比如住宿餐饮、文体娱乐、交通运输、旅游等行业,几乎全线停摆。在此背景下,政府出台了一系列政策帮助企业渡过难关,其中阶段性社保降费无疑是浓墨重彩的一笔。

2020年2月20日,人力资源和社会保障部、财政部、国家税务总局就阶段性减免企业基本养老保险、失业保险、工伤保险单位缴费相关事宜联合发布通知,自2020年2月起,各省可根据当地受疫情影响情况和基金承受能力对各类企业的三项社会保险单位缴费部分实施不同程度与不同时限的免征、减征和缓缴,以纾解企业困难,推动企业有序复工复产,支持稳定和扩大就业。紧随其后,国家医保局、财政部、税务总局于2月21日联合发布了阶段性减征职工基本医疗保险费的指导意见,提出自2020年2月起,各省可指导统筹地区根据基金运行情况和实际工作需要,在确保基金收支中长期平衡的前提下,对职工医保单位缴费部分实行减半征收,减征期限不超过5个月,以切实减轻企业负担,支持企业复工复产。阶段性社保降费的出台无疑是企业的一根救命稻草,也是我国经济发展的一支强心针。然而,任何政策都需要良好地实施才能实现其目标,在笔者看来,新政的落地实施需要处理好以下三对关系:

首先,要处理好短期企业资金压力和长期基金给付压力的关系。受疫情影响,众多企业无法及时复工复产,营业收入大幅减少,而人工、社保、租金等刚性支出很可能会成为压垮企业的最后一根稻草。在产业高度关联、企业资金交错的今天,任何一家企业的破产都可能引发多家企业的引致性破产,更别说当前企业资金全面吃紧可能带来的系统性破产风险。从这个角度看,疫情期间的社保降费不仅是重要的,而且是必要的。与此同时,近年来我国各类社会保险基金的可持续性问题不断发酵,已然成为社会保险制度长期发展的最大隐患。以城镇职工基本养老保险为例,《人力资源和社会保障事业发展统计公报》数据显示,自2014年起,我国城镇职工基本养老保险基金的缴费收入一直低于基金支出,2017年时基金缺口规模达到4 649亿元。此次新政明确要求,各项社会保险的待遇支付不得受到阶段性降费的影响,这种必要的"节源开流"的做法无疑会让社保基金长期可持续性问题雪上加霜。因此,此次社保降费只能是阶段性的、有针对性的和适度的,以确保社会保险制度的长期平稳运转。

其次,要处理好政策覆盖面和政策作用力的关系。从地区维度看,各地受此次疫情影响的强弱存在显著的地域差异,呈现出南方强于北方、东部强于西部、以湖北为中心向四周逐渐减弱的特点。与此同时,各地产业结构也存在显著差异,2019年湖北省第三产业对GDP增长的贡献率接近50%,而第三产业恰恰是受此次疫情影响最强的产业,相应地,湖北省也最需要相关政策的支持。此外,对于人口输入型省份,年轻劳动力的输入意味着更多的社保基金盈余,从而这些省份能够承受更大力度、更长时间的阶段性社保降费。从行业维度看,各行业受此次疫情影响的强弱存在显著差异,呈现出线下行业强于线上行业,服务行业强于非服务行业的特点。以笔者所在的山西太原为例,2020年2月地方政府要求所有餐饮企业歇业,出租车公司严格排班,并只允许部分员工较少的企业复工复产。从企业规模维度看,相较于大型企业,中小微企业因其资金来源有限,无疑是此次疫情中的弱势群体,需要额外关注。因此,适度向受此次疫情影响较强的地区、行业、企业倾斜政策无疑是明智之举,这能够将有限的资源作用于最需要政府扶持的地区、行业、企业,产生更强的政策作用力。

最后,要处理好阶段性社保降费和其他政策的关系。阶段性社保降费在很大程度上规避了社保缴费拖垮企业经营的情形,但这并不意味着仅仅依靠阶段性社保降费就可以完全破除当前企业面临的危机。一方面,上面提到的两份文件中均强调各地需考虑社保基金承受能力,以制定适当的阶段性社保降费政策,这意味着部分重灾区可能会因为其较弱的社保基金承受能力而被迫制定力度较小或者持续时间较短的阶段性社保降费政策,从而无法达到最佳的政策效果。另一方面,中小微企业特别是小微企业社会保险的覆盖率并不高,从阶段性社保降费中受益较少。而得益于较高的员工参保率,大型企业将是此次新政的最大受益者。因此,阶段性社保降费的实施必须辅以其他配套政策,以弥补其短板。比如应加快推进社会保险基金的省级统筹,方便各地政府推行最优的阶段性社保降费政策,同时应针对中小微企业开展额外的降费减税,以进一步减轻其支出压力。

总而言之,阶段性社保降费无疑是政府在疫情面前打出的一张好牌,在处理好上述三对关系的基础上,我们有理由相信中国经济将冲破疫情带来的阴霾,走向更加光明的明天。

从风险认知看新冠肺炎疫情应对

姚奕

2020-04-21

2020年伊始,新冠肺炎疫情全面暴发,给中国人带来了前所未有的一次春节体验。由"走亲串友过大年"到"宅家就是做贡献",团聚变隔离,线下转线上,每一个中国人的生活都经历了过山车一般的起伏,每个人都切实付出了代价。经过两个多月从上到下渗透到社区和家家户户的严防严控,我国疫情终于得到缓解。3月31日,中央指导组发表声明,认为以武汉为主战场的全国本土疫情传播已基本阻断,疫情防控取得阶段性重要成效。

在我国疫情得到有效控制的这段时间，新冠肺炎疫情发生了全球性的蔓延，其态势远超人们的预期。早已超越了"三十年河东，三十年河西"的节奏，两个月足以让剧情翻转。至今，全球累计已有近100万人确诊，累计死亡人数接近5万，而且这些数字还在快速增长。我国疫情防控重点转向"输入型病例"，在真正有效的疫苗开发成功之前，这似乎注定是一场常态化的持久战。新冠肺炎疫情在全球的蔓延从某种程度上促成了一场大规模的社会实验——一方面，它强有力地提醒我们系统性风险的重要性，在过去几十年全球一体化的进程推动下，经济、健康、文化交流已是不可否认的趋势，各经济体"一荣俱荣，一损俱损"，很难独善其身；另一方面，它也展现了不同国家、人民应对同一危机时所表现出的差异性。

作为疫情率先大规模暴发的国家，我国积极地向其他国家介绍防疫经验，并伸出援手。很多网友也喊其他国家赶紧"抄作业"。但事实上，综观多个国家应对疫情的方式及其走向，这并不是一道可以照搬答案的题目。已有一些文章从国家运行体制等诸多方面分析了中国和其他国家的差异，在此毋庸赘言。身为风险管理与保险领域的学者，笔者尝试从风险认知的角度分析不同国家应对新冠肺炎疫情措施差异的合理性。

理论上可以从不同角度对风险进行分类，比如静态风险和动态风险，主观风险和客观风险，基础风险（fundamental risk）和个体风险（particular risk）等。其中，静态风险是指由稳定不变的客观外部环境所产生的风险，而动态风险是指随着社会和环境变化而动态变化的风险。新冠肺炎疫情作为一种流行传染病，显然属于动态风险。也就是说，它的概率和严重程度与患病总人口、密度,以及医疗资源匹配度等多个外部指标息息相关。因此,我们可以发现它在不同国家的死亡率也存在很大差异。由于它是一种动态风险,甚至是动态变化非常快的一种风险,这导致人们形成对于风险的合理认知更加困难,因而会出现个别政府官员说法前后不一的窘境。

从另一个角度分类,主观风险是指由个人感知到的不确定性所决定的风险。它与个人的风险规避程度、信念有关,并不一定具有确实的依据。而客观风险是指可观测、可量化的不确定性。对于新冠肺炎风险,客观风险是基于披露出来的数据不断完善的。而人们所认定的主观风险一定程度上基于客观数据,但也在很大程度上取决于宣传口径和羊群效应。一些国家不检测或者不披露相关数据,因而民众所感受的主观风险就很低。一些在海外的华人和当地人对于疫情防护的级别相距甚远,有人感慨"老外不怕死",即便全国进入紧急状态,总统签署了居家令,很多外国人依旧拖家带口不做防护逛公园,而华人大都老实蹲在家里。这并不一定是因为华人更惜命,而是大家接收到的信息不同,所理解的主观风险存在差异。早先一些国家将新冠肺炎与流感等同,造成了民众防护意愿偏低,而群体之间的羊群效应也导致了大家惯性地低估风险。

从基础风险和个体风险的角度来理解新冠肺炎,也是阐释各国政策差异的重要渠道。个体风险是指社会中一些特定的个体所面临的风险,比如车辆事故、财产盗抢等,它只会影响部分个体,也是保险容易承保的风险。与之相对,基础风险是指影响到整个经济体或者大量人群的风险,比如战争、通货膨胀、失业等,它成为系统性风险,也是保险不易应对的。新冠肺炎显然属于基础风险,它对于全球经济甚至每个人都产生了切实的影响。但与此同时,风险对不同个体存在异质性,比如对于老年人而言,新冠肺炎的致死率格外高,而对于很少有基础病的青壮年的致死率则很低。从个人层面来认知风险,对于很多健康的年轻人来说,新冠肺炎可能是一个低危害的风险——即便具有一定被传染的概率,但是潜在的危害也许并不大,因此,不做太多额外的防护是合理的选择。但是,从集体层面来认知,这样的个人理性选择会导致负的外部性,也就是客观上加剧病毒在人群中的传播,使得基础风险大增甚至失控。当患病人数超过医疗系统的负荷能力时,死亡率也会大幅上升,造成社会恐慌和经济停滞。新冠肺炎风险也就变成了一个"高频率、高危害"的风险。在风险管理的领域,这类风险必然需要更加严厉的手段来应对即全力规避,这也解释了我国从2020年1月中旬开始始终严防严控的因由。个体理性和集体理性的结果存在不一致,是造成风险认知在不同国家差异化的基础。

除此之外,文化也是影响风险认知的重要因素。我国具有深远的集体主义传统,相对于西方国家的个人主义,更有利于实现抗疫过程中的合力,以消除负的外部性。我国深厚的家庭观念、敬老尊老的文化,也促使我们做出符合国情的选择。

新冠肺炎疫情所具有的动态风险属性,人们对于风险的主观评判,以及个体理性与集体理性之间的背离,使得各国以及各国人民对于新冠肺炎风险形成了不同的认知,并采取了不同的应对态度。而随着风险认知的不断更新,我们希望各国能交出解题思路不同,但都是正确答案的"作业",也期待全球社会经济能够早日恢复到正轨。毕竟,在这样的时代,"没有人是一座孤岛"。

由应急管理转向常态化风险管理

贾 茗

2020-05-08

新冠肺炎疫情自 2020 年 1 月中旬暴发,到 3 月中旬全国包括武汉在内的每日本土新增病例数下降到个位数。这两个月的时间,可以被认为是新冠肺炎疫情风险在中国的集中暴发阶段,突出表现为新增病例和死亡病例数快速增长,全社会处于应急反应的紧急状态。在这一阶段,中国政府采取了以"挽救生命、阻断传播"为首要目标的一系列应急管理措施,以大力度暂停经济和社会活动的措施和行动,成功阻断病毒传播,逆转了疫情暴发状态,基本控制了国内的疫情风险。中国政府所采取的应急管理措施,从全球范围来看,是非常成功的。

但是,中国也为上述成功有效"挽救生命、阻断传播"的应急管理措施,付出了沉重的经济代价——机构普遍预测2020年第一季度中国GDP增长率为负数,这是改革开放四十余年来罕见的。需要强调的是,这种经济代价,是中国政府为了"挽救生命、阻断传播"主动采取暂停经济活动等应急管理措施的结果,从某种角度来说,是理性的选择和主动承受的后果。

2020年3月中旬以来,中国本土传播病例接近于零,社会从"新冠病毒疫情大规模暴发的紧急状态",成功转变为"新冠病毒传播风险持续存在的风险潜伏状态",新冠病毒传播风险仍然并将长期存在。风险由暴发状态转为潜伏状态,意味着生活在中国的个人,因日常生活而感染新冠病毒的风险已经大大降低,中国人民大范围感染新冠病毒即疫情再度大规模暴发的风险也已经大大降低。新冠病毒风险状态的客观变化,是成功应急管理措施的结果,也意味着防疫措施需要从紧急状态下的应急管理,相应转变为风险持续存在状态下的常态化风险管理。

风险规避、风险预防、风险转移、风险自留是现代社会风险管理的四种基本工具。大量应急管理措施属于"风险规避",为应对人与人接触造成的新冠病毒传播和疫情暴发,相应采取避免人与人接触,比如封城、封小区、阻断交通、停止常规医疗、关闭商业场所和其他公共场所等措施。这些措施规避了人与人的接触,也自然规避了病毒传播风险,经过实践检验,是成功有效的措施。

现代社会和市场经济有更多的工具来应对风险,特别是在风险持续存在的潜伏期,风险规避往往不是主要的策略。比如,交通事故所导致的死亡风险长期持续存在,2016—2018年我国因发生交通事故七日之内死亡的人数每年约为6万人,是新冠肺炎死亡病例的十余倍。但针对长期存在的常态化的交通事故风险,公众和政府普遍采取的风险管理措施是风险预防(严格交通规则、改善道路状况、提高驾校水平、小心驾驶等)和风险转移(强制保险)等,很少有人会因为存在交通事故风险而不出门,政府也不会因为交通事故风险主要由汽车和火车造成,而禁止汽车、火车上路。与之相反,政府和公众普遍认同应大力发展交通事业,让汽车和火车跑得更快、更远、更便捷。政府和公众对于交通事故死亡风险的管理目标是合理控制风险水平。当然,新冠肺炎风险和交通事故风险有本质上的不同,即前者个体风险之间高度相关,后者则相关性较低,所以前者更容易出现风险事故集中暴发的情况,也因此需要额外的风险管理措施。

面对未来半年、一年甚至更长时间新冠肺炎风险长期潜伏的客观现实,继续采用2020年1月中旬至3月中旬的以风险规避为主的应急管理措施,成本过于高昂,而且这种风险规避的成本会随时间加速增长。小工厂、小商店、小餐馆、小型托儿所和小型培训机构等中小企业两三个月不开门,在政府纾困措施的帮助下,大概率可以生存;如果相应应急管理措施持续半年甚至更长,则它们大概率无法生存。学生两三个月不上学、不读书影响不大,如果相应应急管理措施持续半年甚至更长,则可能会对一代人的教育和成长造成实质影响。居民如果两三个月非必要不出门,顶多难受一些,如果相应应急管理措施持续半年甚至更长,则可能产生生活困难、产生心理问题、养成不良生活习惯等后果。

因此，笔者认为，新冠肺炎风险会对中国经济和社会造成多大的持续性负面影响，在当下主要取决于从应急管理措施转向常态化风险管理措施的速度和执行水平。如果我们因为2020年1月中旬到3月中旬紧急状态下应急管理措施的巨大成功而全盘保留这些措施，忽略了风险客观上的变化，那么中国经济将面临加速下滑甚至失速的风险（即中小企业批量倒闭和大规模失业）。而市场经济一旦失速，从20世纪30年代大萧条和2008年金融危机的教训看，恢复将是漫长的过程。如果能够迅速、果断地将以风险规避为主的应急管理措施转变为以风险预防为主的常态化风险管理措施，那么从2003年"非典"的经验看，无论短期传染病的损失多么巨大，对中国经济而言都只是短期波折，第二、第三季度反弹是大概率事件，且不会改变长期稳健增长的趋势。

应急管理措施和常态化风险管理措施的主要区别在于，应急管理措施在快在严，而常态化风险管理措施在精在准。当武汉每天有上千人确诊、上百人死亡时，最有效的措施当然是尽可能停止人与人接触和传播的封城。当一地每日本土病例连续半个月几乎为零时，继续采取大规模限制人与人接触的措施，普遍实施封路、封小区等措施，不仅效果十分有限，而且成本高昂。常态化风险管理应当针对每一项防疫措施，科学评估其实际效果和实施成本。认真总结和评估，14天隔离政策发现了多少确诊病例，快递、中介不能进小区的政策减少了多少人感染，室外公共场所戴口罩的措施可以避免多少新增传播，有多少确诊病例是通过小区和单位门口测量体温排查出来的，参考兄弟省份评估学校复学的实际风险有多大……这些问题需要科学研究给出预测性评估,公共卫生领域的研究完全可以给出相对准确的政策效力范围,进而保留有效高效的措施,改变无效低效的措施。常态化风险管理不同于应急,应急可以在没有确切科学依据时,依靠决策者的魄力和果断,雷厉风行地采取管控措施,最有效率地挽救生命。常态化风险管理则要求科学精准施策,对于是否推行或者维持成本高昂的应急管理措施,应进行科学分析,权衡其成本和收益。无效低效的应急措施不仅有碍于复工复产和经济发展,还会分散浪费防疫资源,降低公众配合意愿,产生社会矛盾,最终不利于将有限资源集中到防疫最关键的风险点上(比如入境人员闭环管理、疫苗研发等)。

国内新冠病毒传播基本阻断,疫情大规模流行已经基本停止,这为中国冷静思考和调整政策创造了绝佳的窗口期。面对长期存在的境外输入风险、本土局部传染风险,中国政府和社会面临应急管理与常态化风险管理的关键抉择,笔者认为,中国未来的经济和社会发展,仍然牢牢把握在中国人自己手里,果断从应急管理转向常态化风险管理是中国取得经济发展和抗击疫情双胜利的关键。

警惕经济失速风险

贾 若

2020-05-19

新冠肺炎疫情的暴发和中国政府为了阻断病毒传播、挽救生命而采取的社会隔离措施,使得中国经济付出沉重代价,2020年第一季度GDP负增长6.8%。第二季度以来,全面复工复产、复商复市加速。截至5月2日,全国包括湖北在内的所有省份,均下调公共卫生事件应急响应级别至二级或以下。机构普遍预测2020年第二季度,中国经济将有所反弹。中国人民银行行长易纲近期表示,中国经济预计将在下半年恢复潜在增速。

从巨灾风险管理的角度看，2020年第一季度中国处于巨灾灾中阶段，这一阶段的主要风险是病毒大范围传播而导致的人类健康风险、死亡风险，即新冠肺炎疫情风险；第二季度，欧美很多国家仍然处于灾中阶段。灾中阶段最重要的应对措施是"抢险救灾"，社会隔离、方舱医院等应急措施取得了成效，全国疫情防控阻击战取得重大战略成果。

笔者认为，从第二季度开始，中国已经由"灾中"进入"灾后"阶段。灾后阶段，意味着新冠肺炎疫情风险已经大大降低，因正常经济和社会活动而感染新冠病毒的风险减小。当前和今后一段时间，中国社会面临的主要风险，已经由新冠肺炎疫情风险，转变为经济失速风险。

第一季度经济暂停的后果有较长的滞后效应：在供给侧，失业再就业需要找工作和适应新工作的时间，新的长期投资需要更长时间才能恢复信心；在需求侧，人们恢复日常生活消费需要心理建设时间，新冠肺炎疫情在全球范围暴发，导致国际需求骤降并难以在短期恢复。市场经济一旦失速，其恢复将是十分漫长的过程，2008年金融危机让我们看到、切身感受到了经济失速带来的严重后果。

新冠肺炎疫情风险的损失固然巨大，但它毕竟是短期的、外生的；而经济失速风险的后果则是长期的、内生的，中国改革开放所取得的成功，我们今天对中国道路、中国制度的自信，归根到底源于四十余年来中国经济持续高速增长的成功实践。中国今天所取得的包括抗击疫情重大战略成果在内的各项成就，是建立在强大的经济基础之上的。经济增长为抗击疫情、扶贫攻坚、保护环境提供了物质基础，并降低了系统性金融风险暴发的可能性。经济一旦失速,潜伏在经济、社会各个方面的风险和问题就会可预见地集中暴发,其后果将不亚于新冠肺炎疫情。

因此,笔者认为,中国当前的主要任务,应当由"抢险救灾"转向"灾后重建",各项工作应当尽快回归"以经济建设为中心"。短期内,中国经济需要尽快回归到潜在增长率水平。2020年第一季度中国经济负增长的原因主要有两个方面:第一是人们出于个人和家庭成员被新冠病毒感染的担心,而自发地降低经济活动强度;第二是中国政府主动采取的社会隔离、暂停经济措施,这些措施成功阻断了疫情,但同时也降低了经济活动强度。恢复到中国经济的固有潜在增长水平,就是要科学地降低人们对于新冠肺炎感染的担心,并尽可能降低政府防疫措施对经济的影响。

要完成上述两项工作,最根本的是要尽快普及新冠肺炎疫情的科学常识。即让对新冠病毒的最新科学研究成果、对新冠肺炎疫情传播风险的最新科学判断,以最快的速度准确向公众和政策制定者普及。这样才可以让公众最大限度地消除超出科学判断的顾虑和担心,放心消费,追求美好生活;才可以最大限度地消除超出科学必要的无效低效防疫措施,放松对经济活动的约束,让经济回归市场,让增长回归到潜在水平。

这里需要特别强调科学判断的重要性,即个人和公共防疫措施应当以科学必要为前提;消除疫情顾虑、取消防疫措施,也应当以科学判断为基础。既不能盲目地像不存在新冠肺炎疫情风险一样取消所有防疫措施,也不能简单任性地继续应急管理期间的社会隔离、暂停经济措施。

防疫措施和经济发展,从根本上都是为了满足人民对美好生活的向往。短期内对生产生活做出限制和约束的防疫措施，既不是目的，也不是长期目标，而应当动态判断和评估限制政策的效果，保留有效高效的防疫措施，及时取消无效低效的措施，只有科学地取消对经济的束缚，经济才能回归增长。

在中长期，中国经济回归到疫情前的增长水平，要靠更大力度的改革开放和更高的法治水平，来对冲疫情对经济的不利影响。要素市场化改革、外资负面清单落地，是进一步深化改革和扩大开放的重要举措。恢复民营企业的信心，是保持经济增长的长期根本性举措，这需要国家提供更规范的市场秩序和更可靠的产权保障。推动《民法典》尽快通过并实施，是重要的法治举措。

科学辩证地看待新冠肺炎疫情风险与经济失速风险的关系，及时把握主要风险的变化，是有效应对双重风险挑战的重要前提，是加速灾后重建、恢复经济增长，从而战胜多重风险挑战的关键。

从新冠肺炎疫情看保险服务新生态

韩 笑

2020-06-19

2020年年初以来,新冠肺炎疫情给各行各业都带来了严峻的考验。作为与公众健康和社会风险息息相关的重要行业,保险业在疫情期间也遭受了不小的打击。据伦敦劳合社估计,2020年全球保险业将因疫情影响遭受约2 030亿美元的损失。然而,纵观历史,我们发现每一次重大自然灾害或突发事件都为保险业的快速发展带来了机遇:2003年,"非典"疫情带来了健康保险的大发展;2008年汶川地震后,地震巨灾保险逐渐受到政府和公众的关注。在此次新冠肺炎疫情发展蔓延的过程中，越来越多的消费者认识到通过保险来分散和化解风险的重要性，这无疑为各险企保险服务的发展和创新注入了源头活水。"莫道春光难揽取，栉风沐雨自担当"，在后疫情时代，谁能抓住疫情衍生出的先机，谁就有机会赢得保险业未来发展的主动权。

在后疫情时代，保险服务业面临三个重要的转变：从"线下"到"线上"的需求迁移，从"孤立"到"联动"的行业整合，从"速度服务"到"温度服务"的目标转换。

首先，保险需求向线上迁移，行业数字化转型升级如火如荼。近年来，消费者对保险智能化的需求上升，发展线上业务成为保险公司改革创新的共识。但在疫情发生以前，各险企发展保险科技的优先级还不高、迫切性还不强，企业科技部门在向业务部门推销新技术时处于弱势地位。然而疫情期间，保险消费者对线上服务的态度从"被动接受"转变为"主动寻求"，倒逼保险服务提升线上能力和科技能力，提高移动化、智能化服务水平。数据显示，2020年2月，中英人寿的自助交易率从50％飞升至75％；3月，太保产险车险业务线上理赔率从20％飞升至45％。保险服务的线上化和智能化进程加速。

在此背景下，各大保险公司纷纷推出了线上投保、线上理赔、线上咨询、线上问诊等远程、无接触的创新服务，满足了特殊时期广大客户的保险服务需求；智能客服也释放出巨大能量，大量网络咨询及疑难解答由智能客服支持和解决；此外，5G技术的推广为保险服务新流程的再造注入了新鲜血液，许多跨地域、跨行业的在线问诊服务成为保险公司创新服务的标配。相比业务部门，科技部门在寻求新技术解决方案方面越来越占据主导地位,"科技赋能服务、技术引领创新"成为不可逆转的发展潮流。

其次,全产业链深度整合恰逢其时,保险服务格局重塑迭代升级。近年来,保险业在服务创新方面呈现出新的发展趋势:一是产业链条"木桶效应"增强,保险服务质量提升受到从保险产品开发、销售、核保到理赔各环节的制约;二是保险服务生态圈的打造将与消费者有关的各个领域紧密联系在一起,保险业与汽车、医药、养老、互联网等各行业实现共同联动。以此次新冠肺炎疫情为例,疫情发生前,仍有许多消费者将"保险服务"等同于"理赔服务";随着疫情带来全国经济的大封锁,消费者对理赔服务质量的要求逐渐延伸到向上、向下的保险行业全产业链条。

在此背景下,保险行业要化危为机、转型发展,就必须加快打造新型保险服务生态圈,以保险为核心和纽带,构造各行业整合、多平台联动的完整生态闭环。目前,平安车险客户服务的核心载体"平安好车主"已逐步成为以车主为中心的开放式服务平台。该平台基于AI、大数据等底层核心技术和海量经验数据,为前端的众多客户提供了涵盖"车保险""车服务""车生活"在内的全产业链一站式服务,车主可以在平台上挑选合适的保险销售、缴费、理赔服务及洗车、代驾、保养、查违章、道路救援等增值类服务产品。疫情期间,该平台注册用户增至1.1亿,注册车辆超过7500万辆,各类服务使用次数均已逾千万,整体好评率较高。

此外,保险数据信息共享平台建设方兴未艾,成为促进服务创新的重要基础设施。目前,中国银行保险信息技术管理有限公司已经成功搭建包括人身险、农险、车险、行业公共技术组件在内的多个细分领域信息平台,将涉及保险服务方方面面的数据汇集起来,为保险公司、保险从业者、保险消费者提供各类解决方案。通过技术创新和数据挖掘的"双轮驱动",该平台还能孵化更多服务于保险监管和市场的项目,有利于形成多点支撑的信息共享格局。

最后,保险保障水平提升需求迫切,做消费者的患难挚友成为新风尚。2020年"两会"的《政府工作报告》指出,将继续强化保险保障功能,加大减税降费力度,"留得青山,赢得未来"。《政府工作报告》为商业保险公司坚持保险保障的初衷起到了示范和引领作用——只有真正站在消费者的立场思考服务需求,帮助他们遮风挡雨、实现"服务让生活更美好"的保险企业,才能在疫情重压和行业竞争中脱颖而出。近年来,评价保险服务的标准逐渐从重视成本控制转变为注重人本情怀,"保险服务就是理赔、就是拿钱了事"的二元模式一去不返,"走进客户内心、陪伴客户生活"成为新的服务发展方向。

在此背景下,保险服务要想做到与经济、社会和人们的生活深度融合,首先要做到始终与消费者站在一起,理解他们的奋斗、关注他们的表达、补充他们的安全感、满足他们保障自己和家人生活质量的心理上和财务上的需求,这也是保险企业设计产品、提供服务的基础和前提。在后疫情时代,要打造"有温度"的保险服务,一是要顺应消费者追求高品质生活的大势,不仅在风险来临时与客户共担损失,也要在人生前行路上为客户简化生活、提供个性化定制服务;二是要顺应经济向纵深发展的大势,在经济发展路上帮助企业提升效益,在民族复兴路上促进社会稳定发展。

"飘风不终朝,骤雨不终日",新冠肺炎疫情带来的经济全面封锁时期终将过去,但作为影响深远的"灰犀牛"事件,疫情的余威仍将持续。在此次新冠肺炎疫情的应对中,一条重要的经验就是要早发现、早报告、早隔离、早治疗,防重于控、防先于治,通过积极主动防疫、抗疫,赢得与病毒赛跑的时间。疫情防控的原理和原则对保险服务同样适用:好的保险服务,要在风险来临时,通过及时主动的理赔实现风险补偿和转移,为客户弥补损失;也要在风险尚未发生时,通过专业主动的管理实现风险的防范和化解,为客户创造价值。只有理顺保险服务的逻辑,做好保险服务乱象的"防疫""抗疫"工作,才能充分发挥保险"社会稳定器"和"经济助推器"的功能,提供风险保障、助力经济发展。

构建长效传染病巨灾融资机制

贾 若

2020-09-18

巨灾风险是当代人类社会面临的重大挑战,与一般风险不同,巨灾风险表现为个体风险之间的高度关联性,从而导致一损俱损的后果。典型的巨灾风险如台风、地震等自然灾害,恐怖袭击、危险化学品爆炸等人为灾难,还有如大规模传染病、电脑网络病毒等具备高传染性的"病毒型"巨灾风险。从保险行业的角度讲,巨灾风险是对保险公司偿付能力构成严重挑战的保险损失事件。

从全球保险业看,新冠肺炎疫情对健康保

险构成巨灾冲击,巨额治疗和检测费用超出健康保险原有定价预期,增加了健康保险赔付,对健康保险基金和准备金产生了压力。世界各国的健康保险模式不同,新冠肺炎疫情的严重程度不同,因此新冠肺炎疫情对各国健康保险体系造成的冲击也不尽相同。

中国的健康保险体系以社会医疗保险为主体、商业医疗保险为补充。同时,基于超常规的隔离和经济暂停措施,中国得以控制新冠肺炎疫情至较低流行水平,因此对健康保险体系的总体冲击相对较小。为应对疫情,中国政府在健康保险体系外提供了全面财政兜底保障,即新冠肺炎疫情相关的全部医疗费用和流行地区的检测费用由公共财政负担。这种政策免除了新冠肺炎患者和潜在风险人群的经济负担,鼓励他们积极参与检测和治疗,有效降低了传染率和流行水平。

美国的健康保险体系以团体商业医疗保险为主体、社会医疗保险为补充(主要覆盖老年人和穷人)。美国所采取的隔离控制措施较为宽松,新冠肺炎疫情传播较广,对商业健康保险体系的冲击较大。可以预见未来商业健康保险机构将更谨慎地承保传染病风险,即使承保,保费也会提高。美国政府针对新冠肺炎疫情出台了一定条件下免费检测的保障政策,但并未提供覆盖全民的医疗开支兜底保障。由于健康保险普遍存在的免赔额和免赔率,加之部分人群无医疗保险或担心未来保费上涨,因而,一些人选择轻症自愈。某种程度上,治疗新冠肺炎的经济负担要为疫情更大范围的传播负一定责任。

为了避免因医疗经济负担而导致疫情进一步扩散,一些国家立法规范了特定传染病国家保障治疗费用的体制。新冠肺炎疫情扩散至日本后,日本政府很快将新冠肺炎确定为由国家负担治疗费用的传染病类型。从传染性疾病的特点来看,无免赔额的全额医疗费用补偿体制一定程度上消除了人们去就医的经济顾虑,对控制疫情进一步扩散、防止巨灾进一步扩大有正面效果。但通过何种方式提供传染病全额医疗费用补偿,仍有待进一步探讨,不能简单地认为由公共财政或者社会医疗保险基金全额负担就是最佳方案。事实上,从公共政策的角度,政府和市场都应当在提供传染病全额医疗费用补偿方面发挥积极作用。

具体而言,非个人和家庭的传染病医疗成本融资渠道可能包括以下几个:商业医疗保险、社会医疗保险、社会捐赠和公共财政等。前两类属于巨灾事前筹资的保险机制,后两类则属于巨灾事后筹资的救灾机制。商业医疗保险和社会捐赠属于自愿性质,而社会医疗保险和公共财政则带有一定强制性。

保险机制的优势在于事前筹集资金,做到有备无患,巨灾发生后临时拆借的需求小,巨灾融资依合同条款自动完成,无须在巨灾发生后相机决策,避免时间延误;有助于被保险人形成合理预期,及时主动就医。事后救灾体制的优势在于弥补事前准备的不足,可以更为灵活地确定融资规模和保障范围,适用于人们难以预见、没有经验、缺乏准备的突发巨灾。

自愿性的巨灾融资机制,可以最大限度地利用人的主观能动性,提高社会总效用。通俗地讲,如果是人们自愿做的事情,为什么要强制呢?但是针对传染病这类低频高损的巨灾风险,人们往往仅愿意为自身的个体风险付费,而保险公司却需要考虑由个体风险之间的相关性带来的巨灾风险,从而导致保险定价偏高,个人不愿意负担。此时需要政府介入提供额外的风险保障,即通过税收或者社会保险费征缴,提升全社会巨灾风险转移开支,强制每个个体承担部分巨灾损失,以进一步改善社会福利。

综合各类巨灾融资工具的比较优势,值此新冠肺炎疫情在中国的流行得到控制之际,思考设计长效的传染病巨灾融资体制,是当务之急。传染病巨灾融资体制应当充分发挥个体的主观能动性,发挥商业健康保险的作用,支持、鼓励个人和保险公司达成覆盖传染病风险的健康保险合同的签订意向,政府可以参考农业保险的方式,对符合条件的覆盖传染病风险的健康保险给予再保险支持和税收优惠。同时,应鼓励保险公司建立传染病风险的再保险集合,以进一步分散风险。在不增加社会医疗保险筹资水平的前提下,适当提取传染病巨灾准备金,在下一次传染病巨灾风险暴发时,降低临时财政补助的压力。本次新冠肺炎疫情中发挥了重要作用的传染病医疗费用财政兜底制度,应当以法律形式固定下来,合理确定规模、财政资金来源和保障范围,同时平衡好救急救灾和其他医疗健康财政支出之间的关系。

疫情让风险治理常态化

周新发
2020-11-20

从某种意义上讲,人类发展演进史就是一部人类不断抵御和战胜各种风险的历史。历次重大公共卫生风险的发生,都给人类造成了严重危害。随着经济全球化和科技的迅猛发展,世界格局深刻演变,全球动荡源和风险点日益增多,各种风险不断增加,人类进入了更加充满不确定性的风险社会。如果处置不当,就可能引起"蝴蝶效应"。正如英国思想家安东尼·吉登斯(Anthony Giddens)指出的,"风险的发生以及影响更加无法预测,其中的后果严重的风险是全球性的,可以影响到全球几乎每一个人,甚至人类整体的存在"。

此次席卷全球的新冠肺炎疫情不仅对人们的生命安全和身体健康造成了重大伤害,也对世界各国的发展产生了深远的影响。世界卫生组织(WHO)发布的实时统计数据显示,截至2020年11月17日15时欧洲中部时间,全球新冠肺炎确诊病例数已经达到54 771 888例,死亡病例达1 324 249例,并且随着秋冬季节的到来又迎来了新一轮疫情感染高峰。欧洲、北美等地区的疫情数据仍然在急剧增加。剖析这场疫情,其所呈现出来的最突出的几个风险特性为:

第一,风险本质的不可知性。传染病风险具有很强的不可知性。受人类科技水平和认知能力的制约,人们很难在短期内透过传染病现象,及早识别新型传染病风险发生的本质。无论是2003年的SARS病毒、2013年的埃博拉病毒,抑或是2020年的新冠肺炎病毒,人类很难在疫情暴发早期制造出特效药和开发出有效疫苗,导致很多患者因得不到及时有效治疗而死亡。

第二,风险影响群体和波及地域的广泛性。从疫情扩散影响的人群和地域的范围来看,不论国籍、年龄、经济水平还是身处地区,每个人都可能被感染。此次疫情波及全球一百多个国家和地区,大大超越了地域和国界,对全人类构成了巨大威胁。

第三,风险危害的严重性。从危害程度上看,传染病不仅会给人们的生命安全和身心健康造成损害,还会造成人们短时间内的社会恐惧,去抢购物资、囤积居奇,甚至导致社会秩序的混乱和股市的崩盘。本次疫情导致美国股市十天的四次熔断,道琼斯、纳斯达克和标准普尔三大指数暴跌,对美国金融市场的影响堪比20世纪30年代的经济危机，并且波及全球几乎所有国家的金融市场。

第四，风险影响的系统性。从影响的系统性来看，新型传染病风险不仅影响了公共卫生领域，还对政治、经济、科技、教育、文化等方方面面都产生了深远的影响。为应对此次疫情，全球先后有几十个国家宣布进入国家紧急状态，其中法国、韩国分别为"战时状态""战争状态"，大多数国家对民众采取居家隔离政策。不仅如此，各国之间的人员往来、商贸活动、文化交往等都基本停止进行，正常的经济活动受到严重抑制。

疫情终将过去，但是人类面临的风险仍然存在。相比以往，在全球化和高科技时代，人类社会不仅面临着自然灾害、社会冲突、恐怖主义等各种传统风险的威胁，还面临新发传染病、网络黑客、技术性灾难事件等各种潜在未知的新型隐患，突发事件出现的频率增大，我们的社会可能比以往更容易受到各种潜在威胁的打击。加之人口老龄化、人口流动增加、经济全球化等因素，使得各种风险因素相互叠加，有可能导致风险失控情况发生。应对突发重大疫情更多地强调应急管理，而加强风险管理才是后疫情时代风险治理的常态。人类必须学会与风险同行，在风险环境中学会生存与发展。

于政府而言，这次全球新冠肺炎公共卫生危机警示我们，中国必须从整体上直面风险社会，从宏观上加强国家风险治理建设，完善风险治理体系，提升风险治理能力。在面临风险事件时，政府不仅要加深对风险治理规律和特点的认识，深入把握风险传导机制、作用机理、演变规律、系统影响和严重后果，更要从风险管理和风险应对的角度去加强生物安全法治工作，建立有效的风险识别、风险评估、风险处置、风险沟通和风险更新等机制,通过建立常态化的风险管理体系,完善风险治理体系,增强应对各种不确定性的能力。与此同时,即使在应对重大风险挑战的情况下,也必须紧紧抓住经济建设这个中心不动摇,因为发展经济是战胜各种困难和风险的物质基础。在战疫情和稳经济的同时,最重要的是加快建立同疫情防控相适应的经济社会运行机制,把疫情造成的损失降至最低,为实现决胜全面建成小康社会和决战脱贫攻坚目标任务创造条件。2020年3月中央政治局开会提出要加快建立同疫情防控相适应的经济社会运行秩序,其背后也是基于这种逻辑做出的慎重考虑与全面部署。

于社会而言,要充分发挥市场在风险治理当中的作用,尤其是发挥保险业在社会风险治理中的突出功能。众所周知,保险业是与风险共生的,保险业本质上就是进行风险经营与管理的行业。目前,保险作为社会稳定器的重要作用还没有完全发挥出来,保险业需要提升的方面还有很多。今后,保险业应该用战略的眼光和前瞻性的思维对未来国内外保险市场的发展趋势和格局做出正确的判断,在设计新险种、开发新产品、寻找新的业务和利润增长点等方面开拓进取,除了发展产险、寿险、责任险、健康险等传统产品,保险业还应积极采取大数据、云计算、人工智能等保险科技,在重大传染病风险管理、重大地震灾害风险管理、重大自然灾害风险管理中提供一系列风险管理技术和服务,为中国保险业的发展注入新的活力。

于个体而言,就是风险的权衡与取舍。以此次新冠肺炎疫情为例,虽然戴口罩有点不舒适,但如果个人能够理智权衡生命安全和便利度的关系,就能积极主动地采取戴口罩、勤洗手、保持距离等防疫手段规避风险,以确保自己和周围人的安全。相比大部分中国民众对疫情期间防护行为的自觉遵守,西方一些国家很多人为了追求所谓的自由,拒绝科学防疫,拒绝佩戴口罩等。而正是因为个体对风险的认识和权衡取舍不同,风险态度不同对待风险的行为不同,产生了明显不同的结果,中国已经基本控制住了疫情,而很多西方国家疫情仍然在不断恶化。因此,只有个体将风险管理的思想与理念融入日常生活当中,合理权衡,科学决策,才能真正有助于规避风险,减少损失,确保个体、家庭、社会的安全与健康。

CCISSR 行业发展与规划

浅议涉农保险的"提质"功效

丁宇刚

2020-02-14

随着我国居民收入水平的不断提高,人们对高质量农产品的需求愈加强烈。然而,由于各种因素的存在,我国现有农产品的质量还远远达不到人们的要求。解决农产品质量问题需要采取多方面的措施,而涉农保险就是其中重要的一项。本文试图从保险内在机制的角度来分析探讨如何发挥涉农保险的"提质"功效,以更好地提升农产品的质量。

一、通过费率机制来发挥涉农保险的"提质"功效

调整商品的价格可以影响消费者的行为。涉农保险作为一种特殊的商品,也可以通过调整其费率来影响投保人(农业生产者)的行为,通过涉农保险的"价格机制"来发挥其"提质"功效,促使农业生产者更加注重农产品的质量。

涉农保险是指与农业生产相关的保险,它包含很多不同的险种。在诸多险种中,政策性农业保险、农产品质量险和环境污染责任险等,均可以通过实施差别保费补贴或者费率奖惩机制,来实现提高农产品质量的作用。

第一,对于政策性农业保险来说,可以对生产绿色、有机农作物等高质量农产品的农业生产者进行额外保费补贴。目前,我国政策性农业保险的保费补贴依然集中在大宗农产品上,保费补贴的差异化依然较小。未来,政策性农业保险应更重视对绿色有机农作物等高质量农产品的额外保费补贴,这有利于提高农业生产者的积极性,激励其生产高质量的农产品。

第二,可以创新开展农产品质量险,并实施费率奖惩机制。农业生产者购买农产品质量险后,因农产品质量问题给消费者造成损失的,权利人(消费者)可向被保险人(农业生产者)提出损害赔偿请求,由保险人按照保险合同予以赔偿。政府可以鼓励农户购买农产品质量险;而对于农业企业来说,政府可以强制其购买农产品质量险。这里的关键是实施费率奖惩机制:对上一年度农产品质量不达标的农业生产者降低对其的保费补贴比例,或者收取更高的保费,促使农业生产者更加关心农产品的质量,从而有效解决农产品的质量问题。目前,我国农产品质量险

还处于起步阶段,未来需要加强对该险种的重视,合理利用费率奖惩机制,以发挥提高农产品质量的作用。

第三,可以配套开展环境污染责任保险。在农业产业化推动下,农业种植和牲畜养殖由散户种养为主逐渐转变为由专业农业合作社或企业来进行经营管理。在没有其他约束条件的情况下,这种追求企业利润最大化的农业生产经营,往往更加重视农产品的成活率和"卖相",这必然会增加化肥、农药的使用,从而造成环境污染问题和农产品安全质量问题。环境污染责任保险可以有效解决该问题,它通过费率奖惩机制,促使农业生产者加强环境风险管理,提升环境管理水平,同时也能够提高农业生产者的环保意识,减少化肥、农药以及激素等的使用,解决农产品安全质量问题。

二、通过参与质量风险管理来发挥涉农保险的"提质"功效

农产品质量风险是指由农产品质量不达标而导致的损失的不确定性。农产品质量风险管理是用来识别、评估和控制质量风险的一个系统程序。保险公司在与农业生产者签订保险合同后,由于其利害关系的存在,保险公司会积极参与并指导农业生产者进行质量风险管理,这主要是通过以下两个方面来实现的:

第一,保险公司可以在承保时以及在合同期内,进行有关农产品质量风险管理的宣传,提高农业生产者对于质量和风险的意识。农业生产者的质量和风险意识薄弱是农产品出现质量问题的主要原因之一。有关农产品质量问题的宣传可以让农业生产者认识到农产品质量问题带来的严重后果,提高农产品质量的重要性。农业生产者质量意识的提高可以有效降低农产品质

量问题发生的概率。

第二,保险公司可以利用自身在风险管理方面的专业性,指导农业生产者进行农产品质量风险管理。农产品的质量风险存在于生产、收获、加工、贮藏、运输等各个环节,非常复杂,使得质量风险管理也非常困难。大部分普通农业生产者不具备相应的质量风险管理的能力。相比之下,保险公司具有风险管理方面的优势。因此,保险公司可以监督和指导农业生产者进行农产品质量风险管理,避免因农业生产者自身的过失行为而导致农产品质量问题的发生,从而降低农产品质量风险。

总的来说,通过费率机制和质量风险管理,涉农保险可以有效发挥提高农产品质量的作用。但是,从目前来看,我国涉农保险的"提质"功效还远未得到发挥,其主要原因是,这一问题还未引起从政府、企业和农户的足够重视。未来,我们需要采取各种措施,努力发挥涉农保险的"提质"功效,让涉农保险切实成为提高农产品质量的重要推力之一。

建立国家级医疗健康数据平台的思考

王瀚洋

2020-07-31

2020年"两会"期间,有委员提出了"建立国家级的医疗健康数据平台,开展医疗机构与保险行业数据互联对接,提升保险行业利用医疗机构数据的水平"的提案,我认为,建立国家级的医疗健康数据平台,这是很有必要也很重要的一件事情。首先,面对保险市场上由信息不对称所带来的逆向选择和道德风险问题,如果保险公司掌握了医疗健康数据,包括个人就医历史、健康状况,就可以采取精准定价、设置免赔额和封顶线等手段来应对这两个问题,保证健康保险业务的正常运营;其次,相比医疗机构,保险公司有更强大的数据分析能力,可以通过分析医疗健康数据、介入医疗服务来控制医疗支出费用。可以说,这份提案敏锐地捕捉了当下商业健康保险业务的困境。

但是,医疗市场和保险市场不仅有医疗机构和保险行业,还有广大的消费者和中介机构,进一步细分,保险公司还分为地方性的保险公司和全国性的保险公司。在考虑所有这些市场主体的前提下,我们可以看到,国家级医疗健康数据平台的建设有许多值得思考、研究和讨论的问题。

数字经济理论对于我们思考这些问题会有很大的帮助。Goldfarb和Tucker于2019年在《经济学文献杂志》(*Journal of Economic Literature*)上梳理了数字经济的特征:低搜寻成本,产品和用户可以更快速、有效地匹配;低复制成本,数据产品在用户之间不存在排他性,不同用户可以同时按照同一质量使用同一个数据;低运输成本,数据从企业到用户的仓储、物流成本接近于零;低推送成本,企业通过大数据可以更精准地向用户投放产品,实现差异化定价;低验证成本,在线评级评价系统可以直接、准确地反映企业/用户的信誉,为交易提供参考。同理,对于商业健康保险业务来说,如果需要建立国家级医疗健康数据平台,打通医疗机构和保险行业的数据,那么,我们必须弄清以下问题:

第一,经营商业健康保险业务的公司和消费者可以更好地进行匹配,保险公司知道谁需要自己的产品,在保险公司产品信息披露充分的前提下,消费者知道谁家的健康保险产品适合自己。但这样一来,大量保险中介机构(保险代理人、保险经纪人)

甚至保险公司自己的销售人员就都将面临失业。虽然从长期来看,产业转型升级会创造新的就业岗位,吸收失业人口,但从短期来说,尤其是在当前"保就业"的基调下,如何安置这些失业人员是一个值得探讨的问题。

第二,由于所有的保险公司都可以在数据平台上同等地使用数据,行业竞争会更加激烈。然而,从另一方面来看,这也有利于降低行业集中度,提升全行业效率。但这件事情的落实需要强大的数据库的技术保障,以确保不同保险公司可以同时以同一质量使用同一数据,且整个数据平台始终良好运营,否则就会产生公平问题。

第三,不同地区的保险公司都可以使用国家级医疗健康数据平台来进行定价、营销,且由于数据没有运输成本,保险经营的本地优势将会大打折扣,不同地区的保险公司同时在全国的商业健康保险业务上竞争。那么,原本依赖于本地优势的地方性保险公司如何实现转型、在新的竞争中占有一席之地,这是另一个值得探讨的问题。

第四,通过精准投放产品,保险公司可以实现价格歧视,获得更高的承保收入。保险公司之所以能够获得更多的保费收入,其根本原因是国家通过医疗健康数据平台,把信息的优势交给了保险公司。在传统的保险市场中,消费者占据个人信息的优势,由此产生了逆向选择问题,如果不能有效地解决逆向选择问题,市场可能就会消失。而国家级医疗健康数据平台的建立,不仅给了保险公司关于消费者的个体信息,还间接给了消费者所在群体的信息,保险公司因此掌握了绝对的信息优势。在这种情况下,如何通过有效的监管措施,如费率限制、鼓励竞争,将保险公司的一部分超额利润转化为消费者福利，从而实现社会福利的最大化？另外，将个人信息向保险行业开放，必须遵循相关法律，设立最高限级，一些涉及隐私的数据比如分子生物学、基因组学、蛋白组学的信息，不适合开放，否则会产生道德和法律风险。

第五，如果医疗健康数据平台包含了消费者详细的就医历史和支付情况，那么，保险公司可以推断消费者的信用状况，并据此筛选可信的消费者，这对抑制保险欺诈、避免不必要的法律纠纷都有积极、正面的作用。但购买健康保险是每个公民的权利，信用记录有瑕疵不等于没有资格购买保险。因此，国家需要出台相关规定，防止保险公司拒保信用记录略有瑕疵的消费者，以保障基本的公民权利。

总之，国家级医疗健康数据平台的设立，将为保险行业尤其是健康险业务带来很多新的机遇。但是，这些机遇也将可能伴随保险中介的失业、消费者隐私受到侵犯、数据库的技术限制、地方性保险公司转型、消费者福利受损、过分拒保等问题，这些都需要政府、行业和学界共同探讨解决。

CCISSR 政策与监管

系统重要性保险机构国际监管动向及启示

锁凌燕

2020-01-21

2020年1月召开的全国银行业保险业监督管理工作会议,对2020年行业防范化解金融风险、提升金融服务实体经济质效、全面深化金融供给侧结构性改革和对外开放等重点工作进行了部署,提出要探索完善银行保险机构恢复与处置机制,抓紧研究确定国内系统重要性金融机构名单,对系统重要性与非系统重要性机构实施差异化监管。

一、为何要识别系统重要性保险机构？

对系统重要性机构的识别与差异化监管,是本轮国际金融监管改革的核心内容之一。2008年金融危机之后,国际监管界普遍认识到,一些金融机构资产规模大、跨境业务多、外部性强,一旦发生问题难免"投鼠忌器",以致"大而不能倒",继而会"胁迫"政府采取救助行为;而对救助行为的预期又会显著地增加道德风险——"系统重要性"机构的债权人、股东等相关利益方会降低谨慎程度,可能导致金融系统累积更多的风险因素,并加大未来可能的损失程度。根据风险管理理论,如果能预先识别系统重要性机构,在平时就密切关注其流动性、杠杆率和资本充足性等水平,甚至提高其监管标准,提前构建好有效的损失处置框架,就可以更有效地降低系统性金融风险。

虽然长期以来,理论界和实务界都认为保险公司并不是系统性风险的创造者,但伴随保险业在经济中渗透程度的提升,其覆盖面日益拓宽,单个大型保险机构的破产将会导致全国范围内大量个人和企业乃至政府受到损失,保险市场的战略意义日渐上升;同时,伴随金融自由化进程,金融体系内部关联性提高、风险传染性增强,保险公司业务结构中非传统业务占比越高,与其他金融各部门关联程度越大,也就越容易聚集系统性风险,并容易传染到其他部门。对保险业系统性风险的评估与管理自然也成为维护金融稳定的重要内容。2011年11月,国际金融稳定理事会(FSB)发布了全球性系统重要性金融机构(G-SIFIs)监管政策框架,并要求将细化框架扩展至银行、保险及其他金融机构;2013年7月,FSB基于国际保险监督官协会(IAIS)和各监管当局意见,发布了全球系统重要性保险机构(G-SIIs)初步评估办法和政策措施,公布了第一批 G-SIIs,并说明此后每年的 11 月都会根据新收集的信息更新名单。

二、系统重要性保险机构国际监管新动向

2017 年 11 月,FSB 宣布 G-SIIs 名单"暂停更新",因为 IAIS 正在制定新的"以活动为中心的"(Activities-Based Approach)评估方法。2019 年 11 月,FSB 宣布,IAIS 已经发布了保险业系统性风险管理的整体性框架(Holistic Framework for Systemic Risk),并将据此对全球保险业进行年度评测、改进监管,因此,FSB 将于 2022 年 11 月根据整体性框架评估结果,再确定是否继续识别 G-SIIs。

为什么会有如此变化?早先在 IAIS 构建 G-SIIs 评估方法时,行业普遍认为,保险业的核心传统业务并不会造成系统性风险,但涉足非传统业务则会导致保险业与其他金融服务业的关联性增强,并成为潜在的系统性风险之源。因此,评估体系将最高权重分别赋予了非传统与非保险活动(权重 45%)和关联性(权重 40%)指标,机构的规模、全球活跃度、业务可替代性等指标权重各自为 5%。但在当时大家就意识到,这套方法虽有合理性和可行性,但却难以捕捉保险人及保险业的动态变化。随着行业发展,险企的业务模式、行为及产品等都处于创新与变革之中,系统重要性评价方法自然也需要同步革新。这也是本轮危机给我们最大的教训。

基于这些考虑,IAIS 新评估框架采用了"整体性"视角——保险业因流动性风险、宏观经济波动、交易对手风险、可持续发

展等问题产生的负面后果,之所以会传递到金融市场和实体经济中,主要是因为其行业功能受损,将损失传递给其他部门,或者是需要变现资产,由此放大市场扰动、加剧资产价格波动。因此,系统性风险管理不能简单采取"两分法",不能只是关注个别具有"系统重要性"的机构,而是应该基于行业中的各类实践活动,从整体上把握可能聚集的系统性风险,通过执行高标准的保险核心监管原则(ICPs)和跨境保险集团监管共同框架(ComFrame),提升全球金融稳定性;换言之,有效的监管框架本身就应该能够捕捉并防范系统性风险。因此,IAIS将用新方法对全球保险业进行年度监测评估(GME)。

GME会综合使用定性和定量的分析方法进行行业整体监测(SWM)和个体保险人监测(IIM),并在此基础上进行数据分析、集体讨论以形成评估结论。所有IAIS成员市场或跨国保险集团/保险集合的母市场都要参与SWM,并至少覆盖前三大保险人或60%市场份额中的小者;总资产超过600亿美元且境外保费占比超过5%,或总资产超过2000亿美元且有境外业务的保险人都要进入IIM监测范围。目前来看,监测指标主要包括规模(权重5%)、全球活跃度(权重5%)、互联性(包括交易对手风险和宏观经济风险,权重约56.7%)、资产流动性(权重28.3%)、可持续性(权重5%),同时监测承保与偿付能力、保单所有人行为、新兴风险和经济环境等维度指标。

可以说,IAIS是希望通过更全面系统的监测,及时捕捉行业新动向;同时要求各会员监管当局改进预防性监管政策措施,加强宏观审慎监管、流动性管理和危机处理等,并呼吁强化其监管干预权力,一旦发现潜在性系统性风险,监管者应有权进行及时恰当的干预,希望借此更有效地防范系统性风险。

三、对中国的启示

国际保险监管的新动向对于中国防范系统性风险至少有两重启示:一方面,整体性框架的设计思路表明,系统性风险更多地与创新活动相关,不仅来自单个保险人的行为,还来自行业的"集体行动",密切关注和及时有效的干预形成合力更有助于提升行业稳定性。中国作为全球最大的新兴市场/发展中经济体,其保险业正处于高速增长期且尚不成熟,新产品新模式势必不断涌现;而行业多年积累的深层次矛盾还未完全化解,保险监管也还处在不断健全完善的过程中,面对新风险更是缺乏经验。因此,对中国保险业系统性风险的评估与判断,更需要从险企"行为"出发,加强"前置"环节监管,结合对创新业务的审视,研究创新产品和模式是否体现了保险的本质定位,促成创新的技术是否带来了超出监管范围的风险等,更好地遏制系统性风险。

另一方面,国际范围内对全球系统重要性机构的关注,表明系统性风险防范已经成为国际金融治理体系完善的核心内容,而目前规则仍然处于完善之中。伴随经济发展和金融体系的进一步改革开放,中国也将面临更大程度的传染性系统性风险。积极参与国际金融监管合作,有助于我们在规则制定过程中争取主动,以最大程度地维护自身利益。

论金融机构的逆周期监管

朱南军

2020-07-10

顺周期性是指在经济周期中经济变量围绕某一趋势值波动的倾向。而金融行业较之其他行业具有更加强烈的顺周期性。金融行业强烈的顺周期性使其自身在经济上升时期加速和过高集聚风险，而在经济衰退时期又可能在短期加速集中释放，从而加剧金融体系和社会经济的波动性，影响国家宏观经济目标的实现。为对冲这种顺周期性带给经济负面影响的监管措施则称为逆周期监管。金融业逆周期监管的目的在于促使金融业一方面在经济上升扩张时期集聚的风险不要过于加速积累,另一方面在经济下行时期使得已经聚集的风险能够平稳释放,促使金融业乃至整个宏观经济能够稳定运行。针对宏观经济逆周期监管措施涉及财政、税收、外贸等众多领域,本文仅针对金融机构的逆周期监管讨论若干措施。

一、资本监管

资本监管的名称各不相同,银行业称作资本充足率监管,保险业将其称作偿付能力监管,而证券行业将其称为净资本监管,等等。一般而言,在经济周期上行扩张阶段,资本性监管应该严格一些;而在经济周期下行衰退时期,资本性要求可以宽松一些。这一点既要遵行国际惯例,也要考虑中国现实情况,不完全拘泥于国际惯例,需要在经济周期中对资本性要求的标准适当进行动态调整。此外还要考虑到中国区域广阔,在逆周期监管中需要考虑各地方金融机构面临的个体周期未必完全一致,而应体现监管中应有的区域差异性。

二、会计标准

金融监管面临的核心会计标准是计量属性问题,特别是会计公允价值计量方法的使用。当前无论是金融机构财务会计信息呈报还是行业资本监管,一个趋势或者所谓的"共识",就是公允价值计量方法的使用。这里的公允价值高度依赖于市场,而市场又具有周期性。在经济周期上行扩张阶段,金融机构持有的资产尤其是权益性资产价格上扬,依照公允价值计算的资本性指标会非常充足,进而激励金融机构进一步扩张经营;而在经济周期下行衰退时期,金融机构持有的权益性资产价格急剧缩水,贷款等固定收益性资产也可能因提取减值准备而萎缩,依照公允价值计算的资本充足性指标则会严重不足。这可能造成大批金融机构通过抛售资产、改善资本状况来满足监管需要,而群体性行为则容易导致金融行业风险短期集中释放引发系统性风险。如果需要增强金融机构逆周期监管的效果,则需要对公允价值计量方法进行重新审视。这个问题也可以和资本性监管结合在一起考虑。

三、跨业经营

历史上看,金融跨业经营(综合经营或者混业经营等)与经济扩张具有很强的相关性。近一百年来的两次经济危机——1929年金融危机与2008年金融危机之前的十数年也都是金融跨业经营备受推崇的时期。金融混业经营与分业经营各自有其背后的理论与实践依据,难断优劣。但金融跨业经营与经济周期的相关性给予了我们逆周期监管的政策方面的认识。在经济周期上行扩张阶段,为了防范金融风险在不同金融子行业中的传递,维护信贷市场、资本市场与保险市场的健康运行,一般应该限制金融机构跨业经营;而在经济周期下行衰退时期,可以允许金融机构适当跨业经营,推动金融子行业营业收入的多元化来分散风险。最近备受市场关注的证监部门"计划向商业银行发放券商牌照"客观上具有防范金融机构业务衰退、进行逆周期监管的功效,至于是否属于监管层主观上的逆周期监管考量就不得而知了。

四、公司治理

基于委托代理理论,在公司经营的很多方面,公司所有者与经营管理层是对立的,我们通常面临的问题是考虑如何协调股东与管理层的矛盾,减少代理成本。然而站在经济周期的视角,金融企业的股东和经营层可能体现出高度的一致性,无论是追求利润的股东,还是追求薪酬最大化的经营层都体现出强烈的顺周期性。在经济周期上行扩张阶段,为追求利润与薪酬,股东与经营层采取机会主义而更加冒险,特别是经营层具有职业流动性,"捞一把就走"的冒险心态明显;反之,在经济周期下行衰退时期,股东与经营层趋向保守,为规避自身责任而收缩业务。这些都加剧了经济的周期性波动。这些问题可以通过经营层薪酬的延迟发放得以部分解决。但是在我国金融行业实践中,薪酬的延迟发放期一般在三年以内,而一个经济周期跨度可能超过三年。所以需要研究金融机构高管薪酬的长期性安排,作为逆周期监管的一项内容。

最后有必要讨论一下经济周期,金融逆周期监管并不意味着能够对经济周期进行精准的把握。经济研究领域一般认为经济周期不可预测,对经济周期预测过度自信而过于主动地施加监管措施往往渗透着计划经济的理念。但监管工作与经济学术研究不同,为了使得监管具有操作性,应该进行研究"周期"的判定标准,给出监管领域对于"周期"的定义,判定所处经济周期的不同阶段,据以进行适当的逆周期监管。否则,逆周期的金融监管措施的随意性将大大增加,还可能损害市场效率。关于经济周期的测定可以借鉴美国国家经济研究局(NBER)的工作。

车险综合改革中的市场与监管

郑 伟

2020-07-24

过去二十多年,车险改革一直"在路上"。车险经历了1995年的"监管部门统颁"、2002年的"公司自主制定"、2006年的"行业制定、公司选择"和2015年的"深化改革",即将迎来2020年的"综合改革"。改革的不同阶段,既存在不同的阶段性问题,也存在一些相似的长期性问题,本次车险综合改革所希望解决的,应当是长期性问题。

从银保监会发布的《关于实施车险综合改革的指导意见(征求意见稿)》(以下简称《指导

意见(征求意见稿)》)等相关信息看,这次拟实施的改革确实是一个"综合改革",它涵盖了交强险和商车险、条款和费率、产品和服务、传统车险和新能源车险、市场和监管、供给者和中介渠道,改革的决心很大,亮点不少。在这个一揽子综合改革的众多指向中,一个困扰车险市场的长期性问题是如何把握市场与监管的关系。

关于市场与监管,"管"与"放"之间常常出现矛盾,但其实问题可能不在于"放"和"管"的本身,而在于"怎样放"和"怎样管"。换言之,同样是"放",应当放什么、不放什么;同样是"管",应当管什么、不管什么。

在讨论需要"怎样放"和"怎样管"之前,我们先来看一下中国车险市场的结构是什么样。市场结构通常分为四类,即完全竞争、垄断竞争、寡头、垄断,中国车险市场应当属于一种介乎垄断竞争和寡头之间的状态。一方面,市场上保险公司的数量不少,2019年36个地区市场(含31个省、市、自治区和5个计划单列市)开展车险业务的保险公司数量平均为28家,从数量上看这个市场结构似乎更接近于垄断竞争;另一方面,市场上大保险公司的市场支配力较强,2019年36个地区市场车险排名前五的公司的保费集中度平均为81.2%,从市场支配力看这个市场结构似乎更接近于寡头。因此,中国车险市场是一个主体众多、竞争较为激烈,同时大公司拥有较强市场支配力的市场。

这样的市场结构给政府监管带来了不少挑战,因为监管部门既不能像对待完全竞争市场那样一放了之,又不能像对待垄断市场那样强势介入,而是必须在市场和监管之间找到一个适当的平衡点,把握好"怎样放"和"怎样管"的问题。《指导意见

（征求意见稿）》提出了"市场决定，监管引导"的基本原则，明确要求"充分发挥市场在车险资源配置中的决定性作用，更好发挥政府作用"，并强调"最大限度减少监管对车险微观经济活动的直接干预"。这个原则很重要，需要在综合改革中逻辑一致地贯彻落实。

首先，车险费率谁来定？长期以来，我们把车险费率的"监管概念"搞得很复杂。比如，商业车险费率厘定标准公式为：保费＝基准保费×费率调整系数，其中，基准保费＝基准纯风险保费/（1－附加费用率），费率调整系数涉及无赔款优待系数、交通违法系数、自主核保系数、自主渠道系数等。2015年这一轮车险改革中的所谓"三次费改"（包括一次费改中的三批地区）以及后来广西、陕西和青海的改革，其实主要都是围绕车险费率中的两个"自主系数"在做调整。

这里想表达的意思是，车险费率的"经营概念"可以很复杂（甚至考虑了更多从车从人因素，细分得更复杂），但是车险费率的"监管概念"可以很简单，主要就是看车险保费水平是否处于合理范围（既不太高，也不太低），至于具体的附加费用率和费率调整系数的大小，完全可以放给市场去决定。否则，如果因为监管限制使得该下调的保费没有下调，岂不是事与愿违？

从过去几年的市场情况看，车险赔付率和费用率之间存在一种此消彼长的关系。当赔付率低于60%时，费用率往往会相应地提高至40%以上。赔付率过低的产品是不道德的产品，费用率过高的产品是资源浪费的产品，若要提高赔付率、降低费用率，重要方式之一就是破除监管的束缚，借由市场竞争的力量让车险保费降至合理的水平。

其次,车险费率放给市场,政府监管管什么？越是市场化,监管越重要。在车险市场,政府至少要管好三件事:一是车险条款,二是偿付能力,三是信息披露。

从车险条款监管看,车险保单阅读成本很高,一般消费者很少去阅读(更不用说去理解)条款内容。因此,通过政府监管使得车险条款合理化、标准化,十分重要。一方面是合理化,《指导意见(征求意见稿)》提出的"保障责任优化"等多项举措就是顺应消费者合理期待的典型例子,值得称道；另一方面是标准化,从历史发展看,保险产品标准化是降低交易成本的一个重要进步,今后产品个性化的创新也应是基于标准化再去延伸和拓展。

从偿付能力监管看,在费率市场化之后,监管就更加重要了。《指导意见(征求意见稿)》提出的费率回溯和产品纠偏、保费不足准备金计提、偿付能力监管刚性约束等,都是车险市场中政府监管的重要抓手。

从信息披露监管看,要通过加强信息披露,特别是车险服务方面的信息披露(如立案结案率、案均报案支付周期等),发挥市场约束作用,促进保险公司为消费者提供高质量的投保、理赔和附加服务。

最后,市场竞争中,保险公司拼什么？在车险综合改革的大环境下,如果市场的归市场,监管的归监管,那么保险公司主要拼三项能力:一是客户获取和客户服务能力,它直接关系到相关险种的投保率和续保率；二是风险定价和风险管理能力,这是市场主体的核心竞争力；三是资源利用和降本增效能力,这是提高比较优势和竞争优势的重要保障。

总体来看,一方面,车险很重要,因为它涉及千家万户；另一方面,车险不可怕,因为它多为短期险种,长期影响有限,所以我们可以放手去改革。同时我们需要认识到,在车险综合改革中,即使政府尽职监管,也难以完全避免个别市场主体因经营失败而退出市场的情形发生,这是市场经济中优胜劣汰的正常现象,政府、消费者和全社会都应提高对此类风险的容忍度。既想享受市场竞争给社会带来的福利,又想确保没有一家市场主体在竞争中退出,这是"不可能的使命"。

视频直播卖保险的风险与监管

吴海青

2020-08-14

近年来,抖音、快手、火山、西瓜等短视频平台快速兴起,在此基础上,网络直播带货成为一种新型的销售和购物方式。除了日常商品,保险产品也越来越多地出现在网络"大V"们的直播带货清单上。根据统计,截至2020年7月7日,在抖音、快手这两个平台,带有"保险"标签的短视频数量已经达到了32万个,且仅在抖音平台上的播放量就超过了40亿次。短视频平台覆盖面广、传播快、"接地气"的特征,使其对保险知识和保险产品的传播起到了较大的推动作用,这对激发民众的保险意识、拓宽保险产品市场具有一定的积极意义。但是,同样是这些特征,导致在短视频平台内出现的产品信息大多不够全面,带货"主播"们主要强调利益引导性,而忽视了保险产品所必需的专业性,从而导致这一销售模式的合规性和有效性受到普遍质疑。

具体来看,保险产品在短视频平台内主要以三种形式出现:保险知识科普、保险产品直播推荐以及保险产品广告,涉及的产品类型主要集中在人身保险和车险上。所谓的广告形式大多是一些保险公司借助短视频平台进行的线上销售行为,目的性较为明显。而前两种形式,特别是第一种的隐蔽性和迷惑性更应引起警惕。因为它们虽然表面上看起来是"专家"们的免费保险知识分享,但最终目的大多还是落脚在某类保险产品的销售上。先是通过短视频分享获得粉丝信任,随后通过私信等形式为粉丝进行保险产品规划,然后引流到微信等平台,通过微信群等形式,引导粉丝完成对特定保险产品的购买。在这一过程中,一部分主播会直接曲解保险产品,并利用消费者保险知识匮乏的弱点进行销售,比如直接宣传"得病也能买保险""不用进行健康告知""只要得病就能报销"等。而另一部分主播则采用"避重就轻"的策略,只对粉丝宣传保险产品的正面特征,但刻意忽略其复杂的理赔条件,比如强调某类医疗保险的"百万保额",却不指出其免赔额高、不能保证续保等劣势。主播们大多善于利用消费者的从众心理和在短视频平台内的激情消费特征,通过"张女士""王先生"等具有引导性的案例分享,以及"9.9元限时特价"等饥饿营销手段,让消费者在不理智的情况下购买其宣传的保险产品。

与其他商品相比,保险产品具有特殊性。首先,保险产品本身具有一定的机会性,即保险赔付的条件可能发生,也可能不发生。这就为一些急功近利、只关注短期敛财的视频主体提供了可乘之机。短视频平台发展变化迅速,很有可能在保险事故发生时,当时的宣传销售主体已经不复存在,导致消费者理赔和维权无处可去。其次,保险产品的专业性很强。面对一般商品,消费者可以根据其外观、质量及价格等来决定是否购买,并进行货比三家。但面对复杂抽象的保险合同,很少有普通消费者能够理解其中的专业知识,并准确识别其中的投保风险。而且不同类型保险产品的侧重点不同,很难进行直接比较,比如医疗险和重疾险,尽管概念相似,但保障范围和理赔方式并不相同。众多的产品类型已经让消费者眼花缭乱,再加上视频博主们快节奏的语言"轰炸"和具有引导性的销售技巧,消费者们很可能在并不明确自身需求、并不了解保险产品详情的情况下就进行了冲动购买。从本质上来说,短视频平台急、短、快的特性,与保险产品所需要的审慎、专业、冷静等特质是相悖的。

保险产品的以上特征,构成保险监管相对于其他产品监管而言应当更为严格的重要原因,但现实情况却是,短视频平台作为一种新兴市场,在监管方面还存在一些"真空"和漏洞。首先是定位不清,导致难以确定其适用的监管规则。短视频作为线上平台,在其中出现的保险产品应该符合互联网保险监管要求,但现实中,大部分与保险相关的短视频并未直接进行保险销售,而是起到了引流的作用,最终销售过程还是在线下。这就导致对短视频平台的保险监管更加复杂,需要根据不同的视频形式对其进行准确定位,并分类监管。其次是资质问题,目前,大部分与保险相关的短视频博主并未持有保险中介牌照。应当对是否有确实的保险销售行为进行追踪和确认,并对未持牌经营的行为进行处罚。比如在 2020 年 1 月,浙江省银保监局对凡声科技开出了 195.34 万元的罚单,理由是在取得保险中介牌照之前进行非法保险销售,而凡声科技正是抖音大 V "多保鱼选保险""多保鱼保险助手"等的运营主体。最后,产品销售的最终责任主体需要更加明确。与传统销售渠道相比,视频直播形式的保险销售涉及更多的主体,包括保险公司、视频博主以及博主背后的运营公司等。作为产品推广的最终受益方,保险公司应当承担起产品的最终责任,并做好视频平台和运营主体的筛选工作。

总体来看,针对短视频平台保险销售的监管规则仍在传统保险监管的框架内,只不过面对更加复杂的形式和主体,需要更加细致的规章制度来对其进行定位分类、资质判定和责任划分。2020 年 6 月 22 日,北京市银保监局印发了《关于保险网络直播和短视频风险提示的通知》,对各类短视频保险销售的性质进行了定义,并要求保险公司对短视频、直播中与自身相关的内容负责。这标志着监管部门对短视频平台保险销售问题的重视,也为其他地区监管机构提供了优秀的借鉴范本。而作为普通消费者,面对保险这样的特殊商品,也应该充分了解、理智消费,在了解自身需求的基础上进行审慎选择。有效的监管、规范的销售主体和理智的消费者相结合,才能让短视频保险销售真正成为一片新的蓝海,而非乱象频生的"真空"之地。

互联网保险监管的审慎与包容

锁凌燕

2020-10-30

近日,中国银保监会就《互联网保险业务监管办法(征求意见稿)》(以下简称《征求意见稿》)向社会公开征求意见。时下出台互联网保险业务监管规范可谓正当其时。近年来,伴随网络建设不断加快,互联网用户基础不断加强,根据中国信息通信研究院统计数据,截至2020年3月,我国100M及以上用户已经达3.9亿户,4G用户规模12.8亿户,占移动电话用户的比重超过80%(远超全球平均水平51.5%);消费者对互联网的依赖也不断加深,2018年年底,网民平均上网时长达 29.6 小时/周,2020 年第一季度因新冠肺炎疫情影响甚至高达 30.8 小时/周。既有良好的网络基础和用户基础,又有新业务、新技术、新模式的不断迭代,互联网保险业务也进入快速发展阶段,应用更加广泛、市场占比更高。在这样的背景下,出台更为明确的监管办法,对于有效防范化解风险、保护消费者权益、推动互联网保险业务高质量发展,无疑具有重要的意义。

相较于之前的互联网保险业务监管暂行办法,《征求意见稿》明确了互联网保险相关的重要定义,确认了持牌经营的准入原则,更为全面地界定了不同类型业务的经营条件和监管标准,列明了非持牌机构的禁止行为,细化了不同类型经营主体的监管要求。从中可以清晰地看到,经过一段时间的探索和实践之后,监管部门已经对互联网保险的运行和风险点有了一定的把握,从而可以更有"底气"地推行审慎包容的监管政策。

在审慎与包容之间求取平衡,是创新业务监管的永恒主题。没有创新,就不能推动整个行业实现非同质化式的科学发展,对创新需要"包容";但如果不能及时有效地对原有的监管规定进行调整、补充或结构性改革,就无法有效防范创新带来的风险累积,监管的"审慎"标准也不容放松。不过,讲原则容易,实际执行起来却有难度,难就难在如何把握审慎与包容的宽度、尺度与深度。在互联网保险方面的实践与探索告诉我们,新业态和新模式的发展,大致符合"安娜·卡列尼娜"原则。正如托尔斯泰在《安娜·卡列尼娜》中所写的,"所有幸福的家庭都相似,不幸的家庭各有各的不幸",具有市场生命力的业务和模式都具有类似的特征,而遭遇"滑铁卢"的原因可能会各有不同。从监管"防风险"的视角来看,什么情况下可以"包容",什么情况下必须"审慎",什么程度算得上"宽容",什么程度称得上"审慎",首先需要厘清可能导致行业风险积聚的关键方面。

认真观察、仔细揣摩过去的互联网保险实践,我们可以将需要互联网保险发展特别关注的风险点概括为这样几个方面:

第一,网络安全风险明显放大。互联网保险的各业务环节都依托于互联网,网络中断、平台被攻击等安全事件,不仅可能导致业务流程受阻,还会威胁到海量消费者数据和隐私的安全。事实上,保险业作为金融业的一部分,本身就是有吸引力的网络攻击目标。如果相关系统受到破坏,就可能会对公共利益造成严重损害,从而应该对相关的物理安全、网络安全、主机安全、应用安全和数据安全做出相应的防护要求。因此,《征求意见稿》对运营平台及信息管理系统和核心业务系统的网络安全等级做出了明确的规定,并要求定期进行等级保护测评。

第二,业务风险防控重点发生变化。相较于线下业务,互联网保险业务有几个突出特点:一是各个环节基本都在线完成,可以突破线下业务的时空限制、在未开设网点的地区提供服务,但如果线上服务能力不足,不仅会大大降低消费者的满意度,还会危害行业的美誉度。二是互联网保险业务的拓展,往往需要借助平台的流量和场景,与第三方互联网平台合作是绕不开的话题,但第三方平台的资质与行为会显著影响互联网保险业务的运营风险,如果不将其纳入监管范畴,就有可能引发外部风险向保险领域的传递。三是互联网保险业务缺乏面对面的沟通机制,借助网络进行文字、图像、语音、短视频等形式的传递,可能造成语义偏移,甚至引发误解,也因为保险产品的复杂性,这些

"短平快"的宣传方式,难以完整有效地表达产品和服务中蕴含的、需要消费者关注的风险与限制,这显然不利于消费者保护。基于这些观察,《征求意见稿》中特别指出,保险公司开展互联网保险销售,应优先选择形态简单、条款简洁、责任清晰、可有效保障售后服务的保险产品,充分考虑投保的便利性、风控的有效性、理赔的及时性,同时也对互联网保险营销宣传进行了更为明确的规范。

第三,未知的风险增大。既有的保险机构风控体系和监管体系,至多是基于过往的最佳实践,却难以应对未知的风险。现有互联网保险业务的主要重心还在于改善客户触达、流程优化、精准营销和削减成本等;伴随新基建的加快,新技术、数据基础及法律法规会持续发展完善,我们将会见到,也应该鼓励更多新产品、新商业模式等方面的突破性创新。当然,与其伴随的风险是我们在现阶段难以识别的。所以在制定监管政策的时候就要格外注意,"禁止"的部分不能过于"全面",要留出足够的创新"接口",要让更具风险敏感度和感知力的市场主体更多发挥其监督作用。这就意味着,我们的监管绝对不是为保险经营设置"条条框框",而是要重点看其创新行为对其偿付能力有什么样的影响、消费者权益能不能得到切实的保障;我们的监管绝对不是让所有的保险企业遵守统一的、被认为是相对安全的所谓"最佳商业模式",而是要引导企业不断提升各自的风险管理能力和盈利能力,并基于其战略目标在差异化的道路上寻找自己的发展空间;我们的监管绝对不是"家长式"的领导与管制,而是要让保险机构清晰地认识到并承担起自己在经营方面的责任,要让它们受到来自市场不同主体的监督,如果它们违背市场规则,首先要受到市场的惩罚。这就意味着应敦促机构做好能力建设，不断提高创新业务的透明度，从而可以为经营者、消费者权益保护组织、消费者等不同主体参与网络保险市场治理提供前提条件。可以看到，《征求意见稿》中对机构的能力建设和信息披露，都提出了较高的要求。

总体来看，互联网保险的审慎包容监管基调已经确定，这在方向上为行业的创新发展提供了重要支撑。我们可以预期，未来监管政策还会根据业务和业态的发展持续调整完善，而其中不会改变的，应该是对创新精神的尊重，和对市场竞争与法治精神的敬畏。

从精算角度谈重疾险新规

陈 凯

2021-01-08

2020年年底,中国保险行业协会、中国医师协会联合修订的最终版的《重大疾病保险的疾病定义使用规范(2020年修订版)》(以下简称"新版重疾险规定")正式发布,与重疾新规同日发布的,还有中国精算师协会下发的最终版的《中国人身保险业重大疾病经验发生率表(2020)》(以下简称"新版重大疾病发生率表")。按照新规的安排,目前按照旧重疾险规定在售的重疾险产品,最迟会于2021年1月31日前全部停售。重疾险的新旧规定有什么区别?究竟会怎样影响未来重疾险的销售和发展？笔者希望能从精算的角度出发，来客观地分析一下这个问题。

首先，要了解新版重疾险规定和新版重大疾病发生率表产生的背景，也就是修改重疾险的定义和重大疾病发生率的原因。从1995年中国保险市场引入重疾险开始算起，重疾险产品至今已经经历了25年。重疾险也从一个相对陌生的险种，发展成为健康保险市场上重要的保障型产品。重疾险在产品设计和定价模型上主要依赖两项重要的基础性内容，一是重大疾病的标准定义，也就是什么样的疾病会被算作重大疾病进行理赔；二是重大疾病的发生率，这也是保险定价的重要依据之一。2020年以前，我国使用的行业标准分别为2007年中国保险行业协会与中国医师协会共同制定的《重大疾病保险的疾病定义使用规范》和2013年中国精算师协会编制的《中国人身保险业重大疾病经验发生率表(2006—2010)》。两者分别使用了13年和7年。这么多年过去了，疾病谱发生了变化，有些以前可能属于严重的疾病，现在不再严重。最典型的例子就是甲状腺癌，随着医疗水平的发展，大部分的甲状腺癌都已经不再是严重的疾病，只有个别的分型比较严重。因此，这次重疾险的疾病定义和经验发生率表的修订是非常及时和有必要的。这种修订可以反映最新的疾病谱和医疗水平，有利于保险公司更准确地定价，也更好地控制住了风险。

其次，要了解这次修订的改变会对未来我国重疾险有什么样的影响。在2020年11月这个新规刚刚出台时就有很多人来问我这个问题。当然，大家的关注点主要在价格上，关心是购买旧的重疾险，还是购买新的重疾险划算。其实从精算的角度来看,无论是新规还是旧规下的产品,都是根据疾病的定义和发生率,从精算平衡的角度出发进行定价。因此,较低的价格对应的可能只是较低的保障水平。而对于个人而言,购买保险是购买保障,不去理赔才是幸福,买保险不应为了省几百元钱保费而纠结计较。笔者这里想谈的改变是着眼于重疾险未来的发展方向。近十年来,我国的重疾险发展十分迅速,2019年重疾险的保费已经达到4 107亿元,占健康保险保费收入的58%,是健康保险领域最为重要的保险产品之一。而正如前面新规背景里提到的,随着医学临床诊断标准和诊断技术的不断发展和革新,之前的重疾险疾病定义和发生率表过于陈旧了。近年来随着医疗水平的不断提高,疾病谱的发展速度非常快。大家对"重大"疾病这一定义已经与十年前发生了翻天覆地的变化。而这一变化在接下来的十年间一定更快。更多的重大疾病将会因为被尽早发现或是有了最新的治疗手段而变得没那么"重大"。这对个人而言是一件好事,而对保险公司而言则未必。因为检测水平的提高会相应提高"重大"疾病的发生率,治疗水平的提高也会影响实际的费用。这些都会造成保险公司承保风险的提升,甚至会引起严重的逆向选择和道德风险。这次新规的出台有利于增强社会和行业对重大疾病定义和发生率的关注,从而形成有效的调整机制,及时对现有定义和发生率进行动态调整,而不是等十几年后再进行更新。这种机制的形成可以有效降低保险公司在重疾险上的风险,最终反映到更低的价格上,利好消费者。

最后,分析一下重疾险新规对消费者的影响。网络上分析对比重疾险的新旧疾病定义的文章已经很多了,对于消费者而言有好有坏,有严有松,都是很专业的定义,在此不再赘述。我还是从精算定价的角度来分析一下未来同等类型产品的价格变化。由于新规中规定的轻症比例降低,加上甲状腺癌的很大一部分不再按照重大疾病来理赔,很多人都预测重疾险产品的价格将有所下滑。保险产品的精算定价主要是由发生频率和损失程度两方面来决定。的确,当发生频率下降或损失程度下降时,保险产品的期望赔付和对应的保费价格也都会有一定程度的下降。因此,这次甲状腺癌被从重大疾病中移出,一定会降低未来重疾险的保费。但是,这个下降空间可能不会很大。因为从重大疾病发生率来看,甲状腺癌的高发期是 20—45 岁,而新规定义下的重疾发生率下降期间只涉及了部分年龄段,所以对重疾产品的价格影响不会太大。另一个影响价格的重要因素是保单赔付的损失程度,甲状腺癌虽然在新规中不属于重大疾病的范畴,但仍然是轻症范畴。而轻症在绝大多数的重疾险产品中都是豁免保费但合同并不终止。也就是说,如果投保人之后再患其他重大疾病或身故,保险公司还会再次 100% 赔偿重疾险的基本保额。这样保单额赔付就变成了"轻症赔付+保费豁免+重疾赔付",实际的损失程度并没有明显下降。其他一些疾病发生率有降有升,总体趋势不会有太大变化。因此,重疾险未来的保费会有一定程度的下降,但消费者不要有过高的期望。

综上所述,新版重疾险规定和新版重大疾病发生率表对行业未来的发展具有举足轻重的积极作用。而对于个人消费者而言,保障才是最重要的。如果你还没有一份重疾险保单的话,不要再拖延,根据自身需求,先买一份就好了。

CCISSR 企业经营与市场环境

市场深度开放，向外资公司学什么

刘新立

2020-03-27

2020年是我国保险市场深度开放的第一年，自1月1日起，经营人身保险业务的合资保险公司的外资比例限制被正式取消，合资寿险公司的外资比例可达100%。事实上，自2018年以来，我国就加快了金融业对外开放的进程，2018年4月以来，银保监会先后对外发布了3轮共计34条银行业保险业对外开放措施，其中涉及保险业的对外开放措施有14条，包括放宽和取消外资持股比例的限制，放宽外资机构在总资产、经营年限、股东资质等方面的限制等。

2019年10月,国务院发布了关于修改《中华人民共和国外资保险公司管理条例》的决定。12月,银保监会陆续发布了《中华人民共和国外资保险公司管理条例实施细则》和《关于明确取消合资寿险公司外资股比限制时点的通知》,规定自2020年起合资寿险公司的外资持股比例均可达100%。

早在2001年"入世"时,由于保险业开放力度较大,财险和再保险领域对外资完全放开,而当时我国保险业正处于发展初期阶段,相比有较长发展历史且产品成熟经验丰富的外资保险公司,行业内曾一度担忧"狼来了"。不过,近二十年过去,市场的这一担忧逐渐被打消,外资总体份额较低,尽管进入我国保险市场的外资保险公司数量不少,但是其市场份额却始终处于低位。2017年年末,外资保险公司的总资产份额和保费收入市场份额分别为6.71%和5.85%。于是很多人认为,它们好像并没那么可怕。这就带来一个疑问,无论是从保险深度、保险密度这样的表征保险市场发展程度的指标来看,还是从规模与效益这类表征保险公司发展水平的指标来看,对于我们这样一个保险业尤其是寿险业刚起步的市场中的中资保险公司来说,外资保险公司都是更为领先的,那为什么它们并没有对中资保险公司的市场份额产生较大的甚至是颠覆性的影响?在这种情况下,我们应向外资保险公司学什么?

单纯看市场份额这一数据,有时会给我们一种片面的印象甚至是"误导":一方面,我们认为即使外资保险公司有成熟的经营理念,也不会对中资保险公司构成威胁;另一方面,因为没有竞争和威胁,所以中资公司学习对方先进经验的意识和动机很可能会淡薄。这些都不利于金融开放初衷之一的实现,即引进先进理念,促进学习,进而促进市场发展。因此,对市场份额指标,还需要更辩证地解读。

首先,中资保险公司十几年来突飞猛进的发展,是一种市场发展初期的粗放型、超常规的发展,这种发展模式下的市场份额不具有可持续性。在寿险领域,曾经的投连险、银行保险都经历过爆发式的销量增长以及随后的退保风潮,而近年来主角又换成了中短存续期理财险。在财产险领域,多年来车险都是主要的份额贡献者。在经历了多年的高速增长之后,2018年人身险保费的增速大幅下滑,主要源于寿险业务的负增长。原因在于,2017年以来,寿险产品经历多轮清理整顿,《中国保监会关于规范人身保险公司产品开发设计行为的通知》(保监人身险〔2017〕134号)、《中国银行保险监督管理委员会办公厅关于组织开展人身保险产品专项核查清理工作的通知》(银保监办发〔2018〕19号)对行业的影响仍在消化之中。近十年来,我国财险业务规模迅速扩大,增速常年保持在10%以上。而2018年财险保费增速同样放缓,主要与车险增速相关。如今保险业粗放发展的弊端已经十分明显,有些方面还很严重。部分保险机构陷入低水平发展陷阱无法自拔,重复着"业务粗放扩张—偿付能力不足—增资—业务粗放扩张"的怪圈,既无法给股东带来回报,也不利于为社会和消费者创造价值。从市场竞争看,部分保险公司过于依赖高手续费,在站在客户角度思考问题方面做得远远不够。高手续费的背后,有时还隐藏着商业贿赂、非法输送利益等违法犯罪问题。单纯以保费论英雄的发展模式必然伴随对保费规模的盲目追求,对于寿险来说,附加了理财功能的产品有利于更多地提高保费收入,因而推广理财型产品也就成了必然趋势,市场产品趋同,几乎没有时间去做消费者培育。因此,以寿险市场为例,近年来中资保险公司理财产品的超常规发展掩盖了外资保险公司的发展数据,而对于很多外资保险公司来说,它们大多来自成熟的保险市场,不大可能再退回去采用粗放型的发展模式。

其次,外资保险公司具有稳健的价值经营模式,在一些保障型产品领域,外资保险公司的份额已经较高。从寿险业看,在中资保险公司的业绩受监管政策影响而起落时,外资保险公司展现出超越政策周期的业务增长。例如100%外资持股公司友邦,在自2017年以来的最新一轮政策收紧过程中,其新业务价值仍保持20%以上的高增长。其他合资寿险公司也有稳定增长。这与中资保险公司在规模和效益上摇摆不定、新单和新业务价值普遍下滑形成鲜明对比。在财险领域,外资保险公司在一些细分领域已经举足轻重。比如,一份上海地区交流的信息显示,当地财险市场上大概11%的外资机构,在责任保险业务的份额达25%,在货物运输保险市场的占比接近30%,在高端健康险的份额更是超过1/3,达到34.84%。总体份额不高,但在细分市场占比却能有1/4,甚至是1/3,可以说,外资保险公司不贪大求全,而是有所为有所不为,选择一些自己有优势的特定险种和细分市场领域去深耕,并取得一定市场份额,甚至成为领头羊。而这些领域都是保险作为促进社会稳定和经济发展的重要力量的体现。

因此,市场份额并不能绝对地说明中资保险公司就一定比外资保险公司强大且有竞争力。从行业增速看,保险行业补偿式的高增长时代已基本结束,市场进入平稳发展阶段,传统的铺摊子、扩机构等竞争策略已经很难奏效。外资保险公司的理念先进,其体现之一就是,保险公司突出的不是卖保险,而是提供服务,这种经营理念值得中资保险公司学习。保险行业是以解决风险为主的,就像一位业内人士所言:外资保险公司将自身定位为风险管理师,而许多中资保险公司将自身定位为理财师、财富管理师,理念上的差异带来了销售的不同。外资保险公司主险附加率可以达到 5.2%,而中资保险公司平均则仅为百分之零点几。中资保险公司是卖"裸单",外资保险公司打组合拳,反映出来中资保险公司对客户的风险管理不足。

此外,成熟保险市场的另一个特点是发达的中介市场。以保险经纪公司为例,其在为客户评估风险、提供风险管理方案方面具有相当高的水平及能力,与保险公司相辅相成。在我国保险市场对外开放的新一轮进程中,尤以保险中介市场为主要开放目标。保险中介机构也作为保险市场重要的组成部分,起着促进保险交易、扩大保险供给渠道、维护市场公平的作用。

总的来说,虽然目前市场上一些外资保险公司与中资保险公司一样,在产品结构、服务能力、销售规范性等方面也存在一定问题,但随着市场的深度开放以及行业的逐渐发展,风险管理是行业精髓将成为行业共识,外资保险公司先进的经营理念和合规的经营意识将使其优势逐步显现,这将促使保险市场不断产生新的服务方式和管理理念。中资保险公司也需要在合规的前提下进行良性竞争,真正发挥保险保障的职能,让消费者受益,构建起良性发展的保险市场机制。

控制无抵押信保业务风险的出路

郑 豪

2020-07-03

2020年5月8日,银保监会在《信用保证保险业务监管暂行办法》(以下简称《暂行办法》)的基础上正式颁布了《信用保险和保证保险业务监管办法》(以下简称《办法》)。对比两者内容可以看到,一方面,立足前期整治互联网金融风险以及网贷平台良性退出或者转型小贷公司的政策,《办法》不再延续《暂行办法》强调对网贷平台合作的监管,而转向对高风险的融资性信保业务的监管。另一方面,从规范化经营和高质量发展的角度,《办法》从保险经营的一般规律和原则出发,在风险分散、合规经营和内控机制等诸多方面对《暂行办法》实现补充和完善。

特别引起笔者注意的是,《办法》为了鼓励保险公司支持小微企业融资采用了弹性限额,对于普惠型小微企业贷款余额占融资性信保业务比例超过30%的非专营性保险公司,《办法》扩大了其此类业务的承保限额。当下,金融业普惠式发展不仅是国家政策和行业发展导向,也是推动经济转型升级和高质量发展的重要推手,更是疫情冲击之下保住市场主体和稳住经济基本盘的关键。政策和监管导向非常明确,而如何利用信保推动普惠金融发展显得十分关键。回答这个问题之前,我们首先应当明确信保在普惠金融中的比较优势是什么。

保险公司比银行在信用风险管理上有相对更高的风险偏好和更强的创新动力。长期以来,经营模式和竞争环境差异使得没有"存贷差"的保险业始终处于高度竞争的经营环境中。近几年随着车险费率市场化改革,保险公司车险业务利润大幅下降甚至亏损,迫切需要寻求新的利润来源。更强的竞争和利润下降使得保险公司在信用风险管理上有比银行更高的风险偏好和更强的创新动力。小微企业在信贷市场中属于风险较高的市场主体,相对于向大中型企业或者国有企业提供贷款,对小微企业贷款需要金融机构具有更高的风险偏好、更强的盈利动力和更灵活的风险管理机制。而保险公司在这些方面具有一定的优势,因此可以承接银行不愿意承担的小微企业信用风险。

无抵押的信用保证保险是推动普惠金融和小微企业融资的重要出路之一。当前的信贷和信用保证保险业务仍然以抵押为主,这既有信贷业发展路径依赖的历史原因,也有过去征信体系不够完善的现实原因。随着征信体系不断完善,在个人信贷领域,信用卡、花呗和白条等纯信用无抵押的信贷产品已经越来越多、越来越丰富,极大程度方便了人们的生活和消费。而在企业信贷领域,提供足值、有流动性且易于执行的抵押物仍然是企业或者企业主获得经营性贷款的必要条件。这样的要求对于实力雄厚的大企业来说也许不难,但对于小微企业来说往往很难。当小微企业因为缺乏合格的抵押物而无法满足银行的信贷条件时,变回转向信用保险或者担保等征信手段。如果不能获得征信,它们将被排斥在主流金融体系之外,其融资需求只能通过民间借贷、高利贷以及网贷等高成本的融资渠道满足。这种饮鸩止渴的行为严重伤害到企业长期发展,使得积累起足够用于抵押的资产变得更困难。若要破除此困局,风险可控的无抵押信用保证保险可以发挥重要作用。让小微企业获得正规金融机构的金融支持,才是国家普惠金融政策的初衷,才能真正实现"放水养鱼"的政策目标。

控制无抵押的信保业务风险应当从数据中寻求出路。信贷市场是信息不对称市场,如果完全不考虑法律、催收等成本,那么信用保证保险的保费就是一种"信息租",是保险公司挖掘到哪些小微企业属于低风险企业信息的报酬。对于保险公司而言,这样的信息来源有两个方面:一方面,可以从保险公司已有的企业客户的沉淀数据中挖掘,根据其经营行为和风险管理水平筛选出管理良好、信用优质且有信贷需求的企业客户;另一方面,还可以从拥有小微企业经营信息的第三方获得。其中,后者的潜力巨大。随着信息技术和移动互联网的发展,中国面向企业经营管理和特定商业场景的信息化软件、系统和设备越来越流行,仅以 SaaS(Software as a Service,意为"软件即服务")产品为例,其市场规模已经达到百亿元以上,复合增长率超过40%。这些系统积累的大数据除了优化和改善企业的经营管理,还能够广泛应用到企业信用风险评估中。保险公司可以通过与企业经营有关的数据筛选出优质的小微企业,以无抵押的方式向其提供信用保证保险,帮助其获得银行贷款。

数据的价值不言而喻。2020 年 3 月 30 日,中共中央、国务院发布《关于构建更加完善的要素市场化配置体制机制的意见》,明确把数据作为一种要素并要求采用多种手段提升数据资源的社会价值。随着征信体系和失信被执行人名单制度的不断完善,在推动普惠金融和保市场主体工作中,以数据为基础的无抵押的小微企业信用保证保险可以成为金融创新和支持实体的重要手段。

浅谈集成电路产业和软件产业发展面临的风险

吕有吉

2020-09-04

随着经济增长动力的不断演进,高新技术产业已经成为国际竞争的顶上皇冠,而集成电路产业和软件产业无疑是这顶皇冠上最令人瞩目的两颗明珠,是高新技术产业的"芯"和"魂"。为进一步优化我国集成电路产业和软件产业的发展环境,深化产业国际合作,提升产业创新能力和发展质量,国务院于2020年7月27日印发《新时期促进集成电路产业和软件产业高质量发展的若干政策》(国发〔2020〕8号,以下简称《若干政策》),从财税政策、投融资政策、研究开发政策、进出口政策、人才政策、知识产权政策、市场应用政策、国际合作政策等八个方面为集成电路产业和软件产业的发展保驾护航。可以预见,随着《若干政策》的贯彻落实,更多企业将涉足集成电路产业和软件产业,竞争压力的增大无疑对企业的风险管理能力提出了更高要求,而管理风险的前提是对风险的全面把握。因此,有必要对集成电路产业和软件产业所面临的主要风险加以分析。

集成电路产业和软件产业均为投资大、周期长、风险高的基础性产业。一般而言,相关企业的发展需经历技术研发、技术落地、市场投放、产品更迭等重要阶段。在发展的不同阶段,相关企业所面临的主要风险会经历由技术风险逐步向市场风险的过渡,其间还会随时面临融资风险等风险的威胁。笔者认为,相关企业所面临的主要风险包括以下几项:

一、与技术研发相关的技术风险

技术风险是指企业因自身因素或外界因素无法完成技术研发的风险。在高新技术产业,只有少数掌握了尖端技术的企业才能实现自身的不断成长,技术既是企业立足的基础,也是企业成长的动力,这就要求企业不断探索新的技术边界。集成电路产业和软件产业作为高新技术产业的"芯"和"魂",对技术的要求更为苛刻,不仅要求高和新,更是要求最高与最新,这自然衍生出了相关企业所面临的技术风险。任何一项高新技术,均需经历原理构思、技术研发、产品(服务)开发以及封装测试等过程,其中的每个环节都可能会因为技术的不成熟或研发人员的失误等而产生很多难以预料的风险,比如基础理论难以突破以及研究数据受限等。此外,企业还应意识到,其所面临的技术风险既与企业自身的研发能力相关,还受与之竞争的企业的研发能力影响。技术研发不是一场拉锯战,而是一场攻坚战,在同一时点,可能有多家企业同时进行某一技术研发。如果其他企业率先完成了技术研发并提前进入下一阶段的技术转化与落地,则企业也相当于经历了技术研发的失败。

二、与技术落地相关的融资风险

融资风险是指企业无法获取资本市场投资而难以继续经营的风险。高新技术企业往往需要在资本市场上进行融资以支持其技术研发与成果转化。然而,受资本市场的资金充裕度、市场信息的完备程度、投资人的偏好等因素的影响,企业的融资需求并不一定能够得到资本市场的满足。TechCrunch 公司对美国 15 600 家创业公司的融资历史进行了分析,发现获得 A 轮融资的企业占比为 41%,而这一比例到了 H 轮融资就变为了 0.03%,换句话说,15 600 家创业公司中能够不断得到资本市场投资的企业只有 4 家,这直接印证了融资风险是高新技术企业所面临的主要风险之一。集成电路产业和软件产业作为高新技术产业中的基础性产业,其研发周期较长,所需资金量较大,技术落地的难度较高,相关企业在资本市场上进行融资时所面临的阻力可能更大。尤其是在面临外界技术封锁的情况下,如果没有相关政策的支持和引导,资本市场可能缺乏向相关企业投资的动力,从而造成相关企业的资金链断裂与破产倒闭。

三、与市场投放相关的市场风险

市场风险是指企业所生产的产品无法得到市场认可的风

险。即使企业完成了高新技术的研发与转化,其转化的成果能否得到市场的认可仍具有不确定性。一方面,市场需求并非是长久不变的。以集成电路产业为例,目前我国能够自主生产的最高规格的芯片为 14 纳米制程,而从 14 纳米制程到目前全球最高规格的 5 纳米制程,中间至少相差两代,等到相关企业完成技术突破并将转化成果投放市场时,市场需求的芯片规格又会进一步提高,这将对相关企业市场投放的结果产生重要影响。另一方面,产品价格也是影响转化成果能否得到市场认可的重要因素。正如前文所强调的,高新技术的开发与转化需要大量投资,而这些投资都将作为企业生产的成本在其产品价格中有所体现。价格过高,企业在国际市场上将缺乏竞争力;价格过低,企业将无法实现资金回笼,最终只能走向衰亡。因此,相关企业在进行新技术开发时应更具前瞻性,以期在有利时机推出其转化成果,得到市场的广泛认可。

四、其他风险

相关企业在其发展过程中还可能面临管理风险、政策风险等其他风险。管理风险是指企业因管理不善所导致的科研人员流失、技术外泄等风险。与其他传统企业相比,高新技术企业的无形资产更为重要,这一点在集成电路产业和软件产业内表现得尤为明显。相关企业的无形资产主要是企业所掌握的专利技术,而承载专利技术的正是企业内部的科研人员。越是处于技术领先地位的企业,其员工中科研人员的比例就越高,也越容易因管理不善而导致科研人员流失和技术外泄。近期发生于某研究院的九十多名科研人员集体离职事件无疑是此类风险的突出体现。政策风险是指企业发展过程中由相关政策变化所导致的风险。良好的政策环境能为企业成长提供沃土,而政策环境的变化将直接影响企业的发展路径。更为重要的是,企业发展过程中不仅受到本国政策的影响,还受到其他国家政策的影响,比如近期备受瞩目的 TikTok 公司收购事件,就是外部政策变动的结果。

总体而言,集成电路产业和软件产业作为高新技术产业的基础性产业,相关企业的发展受到技术风险、融资风险、市场风险、管理风险及政策风险等多种风险的影响,相关企业应不断提高其风险意识及风险管理能力,从而更好地应对来自内部与外部的挑战,实现企业的良性发展。

别把保险卖成"快消品"

丁宇刚

2020-09-25

新冠肺炎疫情使得"直播带货"火了起来。除了职业主播,董明珠、张朝阳等企业家以及各地政府官员都纷纷加入直播带货的大潮。保险业也不例外。水滴保险经纪有限公司CEO沈鹏90分钟的直播带来了千万元保费收入,平安集团首席保险业务执行官陆敏直播1小时约转化保费1.6亿元,华夏人寿的一场产品发布会更是创造了4亿元的成交额……

在我看来,"直播+保险"能擦出火花,由以下两个因素叠加所致:

一方面,近年我国观看直播的用户规模在不断上升,且受新冠肺炎疫情冲击,该用户规模进一步攀升。第45次《中国互联网络发展状况统计报告》显示,2016年网络直播用户规模为3.44亿,而2019年年底则达到了4.33亿,年平均增长率为5.9%。网络直播使用率也从2016年年底的47.1%上升到2019年年底的50.7%。基于这样的基础,加之新冠肺炎疫情的影响,网络直播的用户规模及使用率更是得到了大幅增长:2020年3月,网络直播用户规模达5.6亿,较2019年年底增长30.7%;2020年3月的网络直播使用率为62%,较2019年年底增长11.3%。观看直播的用户规模和使用率的上升,意味着"直播+保险"的受众也在增加。这是进一步挖掘保险需求的基础。

另一方面,近年来,人们的保险意识和保险需求在不断增强,受到新冠肺炎疫情的影响后更是进一步得到提升。从2020年1月18日至2月18日的疫情初期,"保险"一词的百度搜索指数从1 391上升到3 703,并在企业陆续开始复工后依然保持较高的搜索频率。相应地,保险需求也得到进一步刺激。其中,健康险保费在新冠肺炎疫情的背景下增长最快。银保监会的数据显示,2020年上半年保险业整体保费收入同比增长6.46%,而健康险保费收入同比增长高达19.72%。

观看直播的用户规模上升和人们保险意识的增强,促使了"直播+保险"的兴起,也由此出现了"90分钟直播带来千万元保费收入""一场产品发布会创造4亿元的成交额"等销售奇迹。然而我认为,现阶段"直播+保险"不能只是以带货为目的,否则可能适得其反,损害保险业的声誉。

首先,直播带货更适合"快消费"产品,而保险产品属于"慢决策"产品。购买一般商品的时候,只需要看一下商品包装上的简单介绍,就能决定是否购买。而保险是一种复杂的金融产品。消费者需要阅读十几页甚至几十页的保险合同,才能在购买前充分了解保险产品特点以及自身的权利和义务,这些都不是一场泛泛而谈的直播所能做到的。90分钟的直播卖货通常会涉及一二十种商品,也就是说,花在每个商品上的时间平均只有四五分钟。想用四五分钟把一款保险产品说清楚,实属天方夜谭;哪怕是用90分钟,也很难让消费者真正理解一款保险产品。因此,与护肤品、饮料、手机等"快消费"产品不同,保险产品"慢决策"的特性决定了点燃情绪、冲动消费等"套路"不能直接用在它上面。即使通过这些方式让消费者"一时冲动"购买了保险,这种客户也不是长期持续的。买支口红,发现不喜欢便可以送人;买了保险,发现不合适却无法送人,只能选择退保。这可能会导致大规模退保的发生,从而有损消费者利益,也会损害保险行业的形象。

其次,直播带货更适合于"快体验"产品,而保险产品属于"慢体验"产品。直播上销量最大的商品,比如口红、衣服、农产品,都属于"快体验"产品,买到这些产品后,就能立即体验到产品带来的愉悦感:口红可以马上涂,衣服可以马上穿,农产品可以马上吃。但是,保险产品属于"慢体验"产品:对于大部分人来说,在没有发生保险事故时,他们无法体验到保险的"好处",而只有在获取了保险赔偿以后,才能体验到使用产品的"快感"。这就可能导致那些不理解保险本质的消费者,在通过直播购买保险后,产生"保险无用""买保险就是浪费钱"等"怨言",甚至出现大规模退保。

因此,"直播+保险"不适合销售具有"慢决策"和"慢体验"特征的保险产品,至少现阶段还不适用。相反,目前更需要通过"直播+保险"去普及保险知识。否则,即使在短期内提高了保险业的保费收入,也依旧无法从根本上改变消费者对保险业的"偏见"。"保险就两样不赔,这也不赔,那也不赔""重疾险理赔条条框框太多""买了保险,理赔时1万元以下的都不赔"……这些"偏见"都是因为消费者未能理解保险产品,特别是保险责任和除外责任、免赔额和免赔率等关键特征。只有当消费者真正理解了保险产品的本质,他们才能根据直播的内容来判断该产品是否适合自己;才能在较短的时间内,理解特定某款产品的信息;才能在购买保险的时候就感受到其"好处"。这样一来,"直播+保险"才适合销售具有"慢决策"和"慢体验"特征的保险产品。

总之,目前我们需要通过"直播+保险"去普及保险知识,让人们认识到保险的本质,认识到保险产品和其他商品的差异,让其从内心真正理解和接受保险产品。在完成了普及保险知识的任务后,通过"直播+保险"来带货获利乃是水到渠成之事。因此,"直播+保险"要立足长远发展,现阶段的重点应是以群众喜闻乐见的方式,开展保险相关知识普及教育,提高人们对保险的正确认识,同时提升保险行业的形象。

优化保险资金配置,更好服务实体经济

谢志伟

2020-10-09

2020年7月17日,银保监会发布《关于优化保险公司权益类资产配置监管有关事项的通知》(以下简称《通知》),《通知》针对不同偿付能力水平的公司分别调整了权益资产配置上限,在偿付能力充足的情况下由季度总资产比例的30%提升至45%,而偿付能力充足率低于100%的保险公司不得新增权益类资产投资。同时增加集中度风险指标,所有保险公司投资单一上市公司股票不得超过10%。整体来看,此次《通知》对保险公司权益类资产投资比例的监管体现了差异化的思路,要求结合保险公司偿付能力以及投资风险综合判断资产配置比例。

市场普遍对《通知》传达的政策给予积极预期,根据平安证券的测算结果,中国人寿、太保寿险、太保财险、新华人寿、平安产险等公司按照偿付能力要求均能将权益资产比例提升35%,理论计算结果显示共计可为资本市场提供4 000亿元以上的资金。实际数据显示,进入2020年以来,保险资金配置权益资产的金额一直稳步上升,其中7月末股票和证券投资基金余额为2.76万亿元,为2020年以来最高水平,占资金运用余额的13.7%,权益资产配置比例同比上涨1个百分点,与1月相比上涨0.8个百分点。

其实这种政策信号在疫情暴发早期就初见端倪,早在2020年3月国新办应对国际疫情影响维护金融市场稳定有关情况的发布会上,银保监会负责人就曾表示保险公司已经是中国资本市场的第二大机构投资者,下一步将允许符合一定条件的保险公司适度提高权益类资产投资比重,超过30%上限。5月银保监会发布了《关于保险资金投资银行资本补充债券有关事项的通知》(银保监发〔2020〕17号),放宽了保险资金投资的资本补充债券发行人条件。随后7月15日的国务院常务会议就明确指出要"取消保险资金开展财务性股权投资行业限制,在区域性股权市场开展股权投资和创业投资份额转让试点"。《通知》可以看作常务会议决议的具体落实措施,在明确险资放开财务性股权投资行业限制后,保险公司可以进一步扩大资金投资的自主决策空间,鼓励险资参与资本市场为实体企业融资,为实体经济发展提供长期资金支持。

放开硬性监管上限并不直接等同于权益类资产投资增加，市场主体的投资意愿才是关键。根据马科维茨的投资组合理论，资产配置决策要平衡各类资产的收益与风险。基于保险资金负债周期较长、评估利率相对稳定的特点，在资产配置结构上，保险资金主要投资于固定收益类资产，半数以上投资于银行存款和债券，这样的资产配置能够覆盖负债端的成本，再通过权益资产和抵押贷款资产获取更高的收益。新冠肺炎疫情期间由于各国央行实行宽松的货币政策，市场无风险利率呈现下行趋势，只依靠固定收益类产品无法保证投资收益。而权益类资产投资则需要考虑市场风险，资产价格波动也会对保险公司带来冲击。因此实践中保险公司权益类投资通常以资本市场蓝筹股作为投资标的，从而追求风险与收益上的平衡，其中沪深300股票投资金额占权益投资金额的比例达到了80%。历史数据也显示了保险资金投资收益的稳定性，2012—2019年保险资金的投资财务收益率平均达到了5.37%，累计实现投资收益超5万亿元。而收益率标准差仅为1.1%，并未出现大幅波动。在保险市场竞争日益剧烈的今天，长期稳定的投资收益是保险企业财务稳定性的重要保障。在利率长期下行的趋势下，保险出现利差损的可能性增加，权益类资产的补充必不可少，这也考验着保险资管行业风险管控的能力。

保险产品的发展也与险资投资存在紧密的联系。目前我国养老第三支柱保险产品还存在明显的短板，未来随着养老金产品和私募保险资管产品的进一步完善，产品端的丰富可以满足不同人的风险偏好和投资需求，为更加广泛的人群提供兼保障投资需求于一体的保险产品。随着保险产品市场的发展，未来保险资金在资本市场的参与度将进一步提升,同时资金运用效率的提升也为保险产品的精算定价、风险保障以及市场销售提供重要支撑,保险市场的成长和资本市场的成熟将是相辅相成的。

更长远看,保险资金是助力实体经济的重要力量。除了传统的通过资本市场服务实体经济,保险资金还可通过设计保险资管产品对接各项基础设施投资计划。中国保险资产管理业协会的数据显示,2019年全年保险机构累计发起设立了合计备案(注册)规模为2.91万亿元的各类债权、股权投资计划,其中参与长江经济带建设6 149.81亿元,支持京津冀协同发展2 549.22亿元,支持振兴东北老工业基地569.02亿元。同时,保险资金参与市场化债转股落地总金额超过700亿元,涉及煤炭、能源、船舶制造、电力等基础行业。根据银保监会的数据,目前保险资金另类投资(包括各类债权、股权投资计划)规模占总资金运用余额的30%以上,总投资金额高于股票和基金。另外,保险业与养老产业和健康产业存在业务上的相关性,保险资金投资于这些产业可以拓宽业务深度,实现资源的更好配置,如泰康和太平等保险公司都设立了专业养老社区,将养老保险产品业务链不断拓宽。可以预期,未来保险资金服务实体经济的渠道将会不断丰富。

保险资金运用效率的提升不仅依赖于市场主体决策,还离不开政府的适度监管。笔者认为,监管机构应做到:

第一,坚守底线思维,强化逆周期监管。抑制保险资金运用的投机行为;将关键指标作为监管底线,利用好大类资产比例、集中度比例以及风险监测比例等指标防范保险资金运用风险;

在产品设计层面引导保险公司回归保障理念,强化负债端与资产端的联动监测。在经济周期上行阶段,对保险资金运用的监管应趋于严格,防止投机行为,预防资产泡沫出现;在经济下行周期,监管机构可适当放松资本要求以及资金运用比例,缓冲经济周期对保险公司的不利冲击。

第二,尊重市场主体,做好政策引导。监管机构应充分尊重市场在资源配置中发挥的决定性作用,但同时也应加强政策引导,对符合国家导向的项目或企业,从投资范围、投资比例等方面给予政策支持。优化投资备案机制,赋予保险机构更多投资选择权,提升资金运用效率。

第三,向社会民生倾斜,助力实体经济。监管机构应立足于"保险姓保"的出发点,支持保险资金加大对与保险业务相关的健康、医疗和养老等上下游产业服务力度。鼓励保险公司参与资本市场,为实体经济提供长期资金支持,积极探索保险资金深度参与服务实体经济的新路径。

自保公司:企业风险管理的独特模式

刘新立

2020-10-23

近年来,自保业务在国际上发展较快,由最初的一些企业通过设立应急准备基金进行内部自保以来,一些大公司陆续成立专门的保险子公司,为母公司转移风险,至今全球已有7000余家运营中的自保公司,保费收入占全球财产险保费收入的10%。《财富》杂志500强企业大多数如今都拥有自保公司,中小型企业使用自保公司也已成为一种例行做法。国际自保公司市场的发展特点主要包括:在地区发展方面,以自保公司的母公司所在地为标准,新兴的自保市场包括亚太地区和欧洲、中东和非洲地区,亚太地区的自保公司数量连续五年增长;在增长趋势方面,大中型自保公司持续增长;在自保公司注册所在地方面,除了传统的离岸群岛自保公司数量占比较高,美国佛蒙特州也因稳定优惠的政策环境吸引了近1/3的自保公司;在母公司行业分布上,金融机构在自保公司数量和保费规模方面仍占据主导地位,但对自保公司的使用已扩展到医疗保健、制造、零售/批发以及通信、媒体和技术等各个行业。相比欧美国家的自保公司,我国自保公司资本实力更强,均由总资产超过1000亿元的特大型实体企业投资设立。自2013年以来,我国已有4家自保公司设立,截至2019年年底,实现原保费收入14.4亿元,偿付能力充足率分布在400%—2000%,远高于监管标准。我国的自保公司自成立以来,基本秉持围绕服务母公司风险管理,落实"防胜于赔"的理念,充分体现出鲜明的石化、铁路、航运和电力行业特色,并在服务国家"一带一路"和海外风险管理方面起到不可替代的特殊作用。作为企业风险管理的一种手段,如何利用好其独特模式,是自保公司能否发挥效力的重要条件。

  首先,自保公司是风险自留的"自"和保险的"保"的结合,具有它们的特点,应尽可能发挥它们的利,控制两类方法的弊。风险自留和风险转移是融资型风险管理措施的两类方法,各有利弊,关键看对于所处理的风险是否适用。一般来说,对于企业自身承担时更"合算"的风险,会采取风险自留的方式,如某些小额损失,而对于较大额度的风险,最初往往通过安保基金的形式,后期才因为税收等优惠措施改为自保公司的形式,并在随后有了各种创新形式。总体而言,自留的利是免除了相对来说较高的中介服务费用,弊是一旦发生巨额损失,可能会导致较大的财务波动。保险是处理纯粹风险的主要风险转移措施,其基于大数定律将风险在时间或空间上集合化,以平滑财务波动,使得风险承担者面对一个相对确定的未来,但其弊端在于,由于道德风险和逆向选择的存在,以及定价的技术难度,使得采用这种措施的成本超出了期望收益,甚至由于保单结构的限制、保险市场的周期性以及保险公司可能的无偿付能力,未来并没有那么确定和"保险"。自保公司可以通过合理的运营机制,尽可能成为两类利的组合,尽量避免一种利和一种弊的组合,更要避免两种弊的组合。

充分利用好"自"和"保"处于同一集团内部的特点,有助于更好地发挥出两种措施的利。例如,承接母公司风险的自保公司,可以更充分地利用母公司的历史损失数据及应对损失的经验,设计提供定制保单,这无疑更有助于精确定价;又如,由于信息对称,自保公司较少有道德风险和逆向选择的困扰,这不仅能够有效降低成本,而且能够切实落实"防胜于赔",对于很多纯粹风险来说,如果失去建立在信息对称基础上的费率与损失控制之间的调节作用,单纯的保险赔偿就只有平滑财务的作用了,相当于放弃了保险的防损功能,而自保的模式更有助于这一功能的发挥;再如,将母公司风险在企业内部进行时空分散之余,自保公司还可以直接获得商业再保险的支持,即以更低的成本获得更广的承保范围。当然,这些优势的发挥要建立在相应前提能够有效落实的基础上。

其次,自保公司可以通过承保某些不适合投保的风险,利用保险的平滑机制,促进企业价值的增加。自保公司既是一种保险的形式，又不完全等同于其他商业保险公司，更不是狭义的将本来购买商业保险的母公司风险转由自保公司承保的形式。企业风险管理的目的是促进企业价值的增加，自保公司所承接的业务应符合这一终极目标。员工福利是这方面的一个典型问题，优越的员工福利计划可以激励员工、吸引人才，是提高生产率的重要基础，而风险转移对员工福利风险而言就不太适合，因为员工福利风险往往呈现高频低损的规律，波动性低且较容易预测。此外，收入超过支出时的等待期可能很长。自保公司的使用可以解决以上问题，并帮助企业实现更高级的风险管理目标，比如根据集团风险偏好自留风险、将现金流收回至企业防止发生不必要的收益漏损，以及获得可用数据，为战略性福利管理目标提供支持。如果母公司是跨国公司，若从不同的国家逐一开展员工福利计划，将非常不方便并且成本高昂，而由自保公司承保员工福利计划，能够控制利率，减少保险公司利润的支付和经纪费用，同时计划的设计和措辞能够灵活多样，还能提高报告频率，实现现金流时间差收益，以及建立数据仓库和利用实时财务数据进行管理。因此，近年来承保员工福利计划的自保公司数量在持续增加，自保公司也在众多非传统风险解决方案中脱颖而出。

  总之，自保公司位于企业风险管理的核心，如果其产品设计、精算、承保与理赔等各个环节的实践能够落实理论上的各种优势，则不仅为自留风险提供了一种正式的、合规的保险机制，更作为一种独特的企业风险管理模式，将损失控制与风险融资连接起来，以便和企业管理的其他方面相配合，更好地促进企业价值的可持续增长。

CCISSR 社会保障与保险

医保制度如何与不确定性共舞

刘子宁

2020-05-22

2020年春节将至时,全国人民便被笼罩在新冠肺炎疫情带来的恐慌中,武汉被封锁,全国上下开始了长达几个月的居家防疫。而这次疫情让我们联想到了2003年肆虐的非典,时隔17年,我国医疗保障制度在两次疫情中都面临众多挑战,需要随时应对不确定性带来的冲击。在这里,笔者从医保报销政策和医保基金两个角度回顾两次疫情对医保制度的影响,进而对改善医保制度提出相关的思考。

首先,要明确非典和新冠肺炎三个主要的区别:(1)从传染规模来看,新冠肺炎的传染性远远高于非典,但新冠肺炎的治愈率较高且致死率较低。(2)从持续时间来看,非典于2003年6月结束,持续时间约为半年。目前国内的新冠肺炎疫情虽然得到了基本的控制,但是境外的疫情开始暴发,境外输入病例增加,可能无法在半年内结束疫情。(3)从疾病治愈后的风险来看,非典治愈后仍然存在较高的疾病风险,部分患者治愈后会存在伴随一生的严重后遗症,在后疫情时期仍然面临较高的医疗支出。而目前新冠肺炎治愈后的风险较低,重症患者体内可能会遗留一定的肺部纤维化,轻症患者一般无严重的后遗症。但这只是目前的预测情况,治愈风险是否会随着时间显现出来,还未可知。

相比于非典时期,医保报销政策的灵活性在新冠肺炎时期得到了较大的改善。在非典时期,各地临时开启了就医报销的"绿色通道",但报销政策存在地区异质性。比如,广东省部分地区规定在非定点医疗机构产生的就诊费用也可以享受100%的报销比例,而北京市规定只有在定点医疗机构就诊才能享受相关的政策优惠,患者异地报销存在壁垒。新冠肺炎的传染规模较大,确诊病例遍布全国。因此,为了统一各地的报销政策,国家医疗保障局等部门共同出台了《关于做好新型冠状病毒感染的肺炎疫情医疗保障的通知》,从三个方面缓解了疫情带来的冲击:新冠肺炎所覆盖的药品、医疗服务项目和疑似病例的救治费用全部临时纳入报销范围,减轻了患者和疑似病例的就医负担;异地就医不实行报销比例的调减规则,减少了患者流动的传染风险;患者医疗费用将由医保部门预付资金所覆盖,减小了疫情对医院总额预算控制指标的影响。但由于新冠肺炎疫情的疑似病例和患者较多,且线上就诊机制尚未完善,疫情严重的地区出现了疫情就诊资源稀缺以及非疫情疾病就医困难的情况。

相比于非典时期,新冠肺炎由于规模较大且持续时间较长,对医保基金的冲击显然更大,主要有如下几点影响:(1)从不同时期来看,由于两次疫情用于救治确诊患者和疑似病例的费用较高,医保基金支出会在短期内增加,且由于新冠肺炎期间职工医疗保险费的阶段性减免,医保基金收入会在短期内减少。因此,医保基金暂时会面临收支不平衡的局面。但从长期来看,医保基金收入大于支出,有一定的支撑能力,可以在面临短期的疫情危机时维持一个长期的平衡。具体而言,2019年全国基本医保基金当期结余约3 000亿元,而截至2020年3月5日,各地医保部门针对肺炎疫情累计拨付资金191亿元,远远小于基金结余额度。(2)从不同地区来看,非典主要集中在广东和北京这两个省份,对其余省份基本医保基金的影响有限。但新冠肺炎覆盖面较广,武汉等地是新冠肺炎疫情暴发集中地,确诊病例较多,其他省份也有数量不一的确诊病例,因此各地都面临不同的医保基金支出压力。(3)从不同的基本医疗保险体系来看,非典暴发期间我国尚未建立城乡居民医保体系,享受疫情相关报销政策的多为城镇职工。而在新冠肺炎暴发期间,基本医疗保险覆盖率已经高达95%,参保的城镇职工和城乡居民都能享受100%的报销比例。考虑到城镇职工医保的基金收入较高,而城乡居民医保的基金收入较低且覆盖的人口基数较大,如果没有宏观层面的基金调控,城乡居民医保的基金必然会面临较大的收支压力。

基于医保制度面临非典和新冠肺炎的应对经验,笔者对改善医保制度应对重大疫情的机制有如下几点思考:(1)在医保基金的管理方面,可能需要从不同时期、不同地区和不同制度间进行宏观调控。考虑到疫情期间的医保基金收支压力,可以在平时建立起针对重大疫情的医疗救治基金,并明确相应的支付政策。考虑到部分地区医保基金统筹层次还停留在县级水平,可以提高医保基金统筹层次,鼓励省级统筹。同时,可以开展跨区域基金预算试点,适当对长期基金收支失衡的地区划拨资金以减轻基金压力。(2)在疫情期间的就医和结算方面,应当发挥"互联网+医疗"的模式优势,探索完整的线上就诊机制,减轻疫情期间的就医压力,确保就诊需求得到满足以及减少疑似病例流动的传染风险。在实行"先救治后结算"的政策基础上,进一步完善线上报销业务,确保患者不因报销等结算环节延误治疗。(3)在后疫情时期的救治方面,医保制度应该减轻治愈患者的后顾之忧。尤其是在新冠肺炎疫情中,众多医护人员和各方面工作人员因防疫工作而感染,医保制度应当有针对性地减免新冠肺炎后遗症的康复和医疗费用。

我国医保制度目前针对疫情采取的多项应对措施已经充分体现了社会保障制度的优越性,但新冠肺炎为医保制度的改革带来了又一次考验,我国仍然需要总结经验并进一步完善医保制度,提高疫情冲击下群众的安全感和医保制度的稳定性。

利用保险机制解决返贫难题

周新发
2020-06-05

2020年是全面建成小康社会和"十三五"规划实现之年,也是我国脱贫攻坚收官之年。从2013年习近平主席到湖南湘西考察时首次提出"精准扶贫"的重要思想,到2015年正式实施精准扶贫工作,我国中央和地方投入了大量的人力、物力和财力。经过这几年的精准扶贫工作,按照现行标准,我国农村贫困人口从2012年年底的9 899万人减少到2019年年底的551万人,贫困县从832个减少到2020年的52个,接近完成脱贫攻坚的目标任务。我国扶贫工作具有划时代意义，对全球减贫贡献超过七成。世界银行前行长金墉称："过去五年，中国减贫的成就是人类历史上最伟大的事件之一。"

然而，一个不可忽视的事实是，即使贫困县全部脱贫摘帽，客观上也存在因为疾病风险、重大灾害等因素的冲击而发生返贫、致贫问题的可能。根据2020年"两会"期间国务院扶贫办主任刘永富的介绍，容易返贫的和边缘户容易致贫的两类人在2020年增加了38万。这部分人主要来自贫困边缘人口中容易致贫的和刚刚脱贫人口中容易返贫的群体，这些返贫致贫的新情况更值得引起社会的关注，同时也给我们提出了一个新的课题：2020年年底全国贫困县全部脱贫摘帽、现行标准下农村贫困人口全部脱贫的目标实现之后，后精准扶贫时代如何巩固现有的扶贫成果？如何让贫困脆弱性群体不至于因为疾病、灾害等因素的冲击重新陷入贫困？

在引致致贫返贫的因素当中，疾病、灾害等致贫因素不可忽视，"健康防贫"是后精准扶贫时代必须直面的一个重要课题。考虑到贫困脆弱性群体自身的能力与素质禀赋，以及客观上所处的生存环境和外在条件，他们一旦遭受重大疾病因素冲击，就可能导致家庭陷入困境。在当前农村贫困问题中，因病致贫、返贫仍然是农村贫困脆弱性人口致贫的主要原因之一。国家卫健委权威数据显示，在所有因病致贫返贫的贫困户中，深度贫困县贫困人口中因病致贫、因残致贫的占到80%。重大疾病对脱贫户和边缘户等贫困脆弱性群体造成灾难性影响甚至导致整个家庭陷入"疾病—健康冲击—贫困"的恶性循环。

卫生经济学的研究表明，重大疾病对贫困的影响主要基于经济负担和行为能力两条作用路径来引致贫困：一方面，因病支出增加，使得家庭财富直接减少。患者的家庭不仅要支付直接的医疗支出，还需支付来往医院的交通费、陪同者的住宿费以及治疗后所必需的康复费用等。另一方面，由于家庭劳动力减少，因此家庭收入也会间接减少。一旦家庭成员有人患病，不仅患者本人中断了劳动、没有了工资收入，而且患者的家人为了照顾患者也不得不减少外出工作的时间，因此其劳动收入同样也会减少。综合以上两个方面的原因，健康冲击尤其是大病风险是导致贫困脆弱性家庭陷入贫困的主要原因之一。

目前，我国实施的精准扶贫政策主要聚焦于建档立卡贫困户，帮扶措施主要瞄准建档立卡贫困户，贫困边缘群体难以享受帮扶政策的优惠，存在一定的"悬崖效应"（Cliff Effect）。而在现实生活中，风险无时无处不在。疾病、衰老以及灾害冲击等风险因素，都可能是导致致贫的近因。扶贫工作中面临的新的返贫或者致贫情形主要体现为脱贫户返贫和贫困边缘群体致贫，这两类群体可以归类为贫困脆弱性群体。由于贫困脆弱性家庭收入水平低，其抵御风险冲击的能力远不及一般家庭，自然灾害和人为意外事故都可能对这类家庭造成沉重打击。

在我国当前的脱贫攻坚战和未来的防贫工作中，社会保障在预防贫困发生方面起着特别重要的作用，尤其是医疗保障，在增强贫困脆弱性人群的预防贫困发生方面功能突出。例如，城镇职工基本医疗社会保险制度、城乡居民基本医疗保险制度、大病保险制度都具有"健康防贫"的积极作用，值得肯定。在未来的"健康扶贫"工作中，我国社会医疗保障制度可以有效发挥预防贫困发生、进行社会兜底保障以及稳定社会发展等功能，同时需要进一步完善医疗保障制度,尤其是完善医疗报销制度,以切实解决低收入人口的疾病治疗和医疗报销问题,进一步提升其对贫困脆弱性群体的保障水平,增强贫困脆弱性群体抵御贫困冲击的能力。

要想长效实现健康防贫目标,不仅需要通过完善现有的社会保障制度,还可以发挥商业保险参与"健康防贫"事业的独特作用。针对边扶边增、边脱边返的"沙漏式"扶贫难题,以太平洋保险公司为代表的我国保险机构,精准对接政府需求,探索建立防贫托底保障机制,开发出商业性"防贫保险"。通过政府为非贫低收入户、非高标准脱贫户两类"易贫人群"购买"防贫保险",针对因病、因学、因灾等原因所导致的返贫或致贫的情况,由防贫基金按比例予以报销。这种"防贫保险"产品旨在为建档立卡贫困人口和靠近贫困线的低收入人群提供包容性的、综合性的保障方案。近年来,"防贫保险"产品先后在河北省张家口市张北县、石家庄平山县、保定顺平县、邢台南和县等地得到推广。与此同时,宁夏"扶贫保"、辽宁阜新"政银保+人寿保+医疗保"等模式也在其他地区得到了尝试。

精准扶贫,贵在久久为功。随着2020年年底全国如期实现全面脱贫任务,扶贫工作重心将向防止返贫转移。对已经脱贫的人口,要把存在返贫风险的人继续建档立卡;对贫困边缘户中可能致贫的人也必须筛查出来,通过鼓励、支持甚至资助这两类贫困脆弱性群体加入社会医疗保障制度和"防贫保险",为这部分群体提供风险规避机制。只有加大致贫返贫风险防控力度,建立社会保障与商业保险有机结合的保险保障机制,才能巩固成果、防止返贫、形成可持续的脱贫效应。

用弹性延迟退休缓解养老金压力

陈 凯

2020-06-12

在前不久刚刚落幕的十三届全国人大三次会议上,养老问题不出意外地再度成为代表们的讨论焦点和政府关注的重点。李克强总理在《政府工作报告》中继续强调要"加大基本民生保障力度。上调退休人员基本养老金……必须确保按时足额发放"。近年来,我国的养老保险基金已经由于老龄人口的不断增加而存在非常大的缺口压力,养老基金的可持续性也饱受争议。如何才能在继续提高退休人员基本养老金的同时保持养老基金的可持续性已经成为我国养老保险制度改革的重中之重。

对这一问题,我国政府采取了多管齐下的政策手段,试图从鼓励生育、改革基金收支制度等角度从根源上疏解养老保险基金的压力。解决养老问题是一个长期的过程,绝对不能一蹴而就。但随着老龄化程度的加剧,有关部门必须要在短期内采取一些措施来缓解养老基金的缺口压力,同时也可以给长期改革提供更大的操作空间。个人认为尽快实施具有一定弹性的延迟退休政策是短期内缓解养老基金压力的有效举措。

首先,延迟退休。这个问题已经被各种渠道反复提及,但为什么一定要延迟退休呢?我国目前养老制度规定的退休年龄是"男性年满60周岁,女工人年满50周岁,女干部年满55周岁"。这一标准是在中华人民共和国成立之初制定的,长期以来没有做过任何的调整。中华人民共和国成立七十余年来,我国的医疗水平和居民健康状况得到了长足的改善,居民的期望寿命也大幅提高。现在的退休年龄政策无法充分地反映我国人口结构和预期寿命的巨大变化。适当延迟退休年龄是适应当前社会环境的。早在2012年6月,国务院就曾经在《社会保障"十二五"规划纲要》(国发〔2012〕17号)中提出:"研究弹性延迟领取养老金年龄的政策。"这是政府层面首次明确提出将推行延迟退休政策。此后的中共十八届三中全会审议通过的《中共中央关于全面深化改革若干重大问题的决定》也明确表示要"建立更加公平可持续的社会保障制度……研究制定渐进式延迟退休年龄政策"。理论上,延迟退休年龄会从开源和节流两方面给养老基金带来立竿见影的政策效果,在短时间内缓解养老基金的给付压力。实践上看,近年来很多国家都进行了不同程度的退休年龄调整,以此来应对老龄化和养老基金压力的问题。从其他国家的经验来看,渐进式的延迟退休政策是比较容易被接受的方案之一。在精算平衡的前提下,退休年龄每年只延迟几个月,用较长的一段时间完成平滑过渡,会较好地被居民大众所认可。在推迟退休年龄的同时,还需要推动其他措施的配合,强化养老保险长缴多得的激励机制。

其次,要有一定弹性。一刀切地延迟退休并不是一个理想的改革方案。由于工作性质不同,每个人在临近退休时的身体状况和财富积累状况都不尽相同。单一的退休制度很难适合所有人的实际需要。在这种情况下的改革政策一定会受到很大的社会阻力。对于一线体力劳动者和下岗职工以及没有固定工作的人而言,他们中的很多人的生活状况都比较差。这些人在50岁以后,身体健康也会出现不少问题,工作和就业压力很大。他们对退休和退休金非常渴望,延迟退休政策会伤害这些人的切身利益。

延迟退休政策的核心并不是真正的"延迟"退休,其主要目的也不是解决养老基金压力。个人认为养老保险制度的真正核心是帮助居民更好地管理在职和退休后的收入分配问题,退休政策则需要照顾到所有人的利益。不同的工作性质给人们在退休时带来的影响显著不同。对于办公室的行政人员和白领阶层,他们延迟退休几年并不会有工作量的明显提升,反而会因为工作年限的延长而获得更高的收入和养老金。但对于一些依靠体力工作的员工来说,他们本来已经可以踏踏实实地领取养老金,颐养天年,退休年龄的延迟会增加这些人的身体负担和精神压力,效果适得其反。所以,如何权衡不同人群的利益才是退休制度改革的核心问题。一定弹性的退休制度,可以允许居民在一定年龄范围内自由选择是否退休。从其他国家的经验来看,很多国家采用了具有弹性的延迟退休政策,规定一个最低的退休年龄、一个最高的退休年龄和一个正常的退休年龄。大部分人退休时间都是在正常的退休年龄。当个人由于家庭或身体原因需要提前退休且领取养老金时,只要年龄超过最低退休年龄都可以选择退休,领取金额可以根据提前的年限适当减少。而如果个人希望进一步推迟退休的话,只要在最高的退休年龄之前都可以继续工作。这样,两方面的退休需求都可以得到满足,低收入低技能的人会选择早退休,而医生、教师和律师这些专业性很强的行业中更多人会选择延迟退休。这也可以减少当前一些行业返聘或"退而不休"的现象。

最后,延迟退休只能缓解短期压力。虽然延迟退休政策可以有效地缓解养老基金的压力,一定弹性的制度也可以满足绝大多数人的利益,但这一政策只能解决养老保险的短期缺口。由制度改革和人口结构所造成的长期精算不平衡问题则无法通过延迟退休政策来解决。因此,我国养老保险制度的改革问题一定要放到长期来看。自1997年我国养老保险制度改革以来,因为改革所造成的制度缺口一直没有得到有效的填补。近年来随着人口结构的恶化,这一缺口更是有逐渐放大的趋势。将一定的国有资本划转到养老基金和其他社保基金中来弥补制度缺口势在必行。2019年,多部委联合印发了《关于全面推开划转部分国有资本充实社保基金工作的通知》(财资〔2019〕49号),这有利于实现养老保险制度的可持续发展,为应对未来我国进入人口老龄化高峰时期养老保险基金支出压力不断增大而做好长期的战略储备。除此以外,养老保险制度中的最低缴费年限、缴费基数、个人账户等制度参数也应当根据实际情况进行适当调整,并建立长期的调整机制,从而保证养老保险制度的精算平衡和长期资金的可持续性。

养老问题是非常重要的民生问题,此次的《政府工作报告》再次释放了养老保险制度的改革信号。希望能尽快推进切实可行的弹性延迟退休政策来缓解养老基金的短期压力,并结合制度参数调整、国有资产划拨等多方面的举措应对老龄化带来的长期压力。

对我国建立长期护理保险的思考

艾美彤

2020-12-11

截至2019年年底,中国60岁及以上人口达2.54亿,失能人员超4000万。根据第六次人口普查数据,60岁以上人口中,40.7%的人主要生活来源是依靠家庭其他成员供养;而在失能老人群体中,这一比例高达70%。失能人员长期护理保障不足成为亟待解决的社会性问题。随着人们预期寿命的增加、独生子女的父母群体逐步迈入老龄化阶段,中国老年人对于长期护理的需求也将进一步增强。

一、我国长期护理保险的发展

长期护理保险是对被保险人因失能而生活无法自理,需要入住康复中心或需要在家中接受他人护理时的种种费用提供补偿的一种健康保险。长期护理保险于20世纪七八十年代兴起于美国,并随着人口老龄化的趋势,在欧美等保险业发达的国家和地区快速发展。

2015年,为积极应对人口老龄化现象,《中共中央关于制定国民经济和社会发展第十三个五年规划的建议》中提出要探索建立长期护理保险制度。2016年,人力资源和社会保障部印发了《关于开展长期护理保险制度试点的指导意见》(人社厅发〔2016〕80号),明确了在全国15个试点地区,"探索建立以互助共济方式筹集资金、为长期失能人员的基本生活照料和与之密切相关的医疗护理提供服务或资金保障的社会保险制度"。2017年,《国务院关于印发"十三五"国家老龄事业发展和养老体系建设规划的通知》(国发〔2017〕13号)中提出,"鼓励商业保险公司开发适销对路的长期护理保险产品和服务,满足老年人多样化、多层次长期护理保障需求"。2019年,十三届全国人大二次会议,《政府工作报告》提出"要改革完善医养结合政策,扩大长期护理保险制度试点"。2020年,"十四五"规划进一步要求"稳步建立长期护理保险制度"。国家医保局会同财政部印发了《关于扩大长期护理保险制度试点的指导意见》(医保发〔2020〕37号,以下简称《意见》),明确于2020年启动,扩大试点范围,"力争在'十四五'期间,基本形成适应中国经济发展水平和老龄化发展趋势的长期护理保险制度政策框架,推动建立健全满足群众多元需求的多层次长期护理保障制度"。

二、长期护理保险的未来之路

1. 完善筹资渠道

长期护理保险作为社保"第六险",基金的筹集和可持续性是至关重要的。《意见》明确"探索建立互助共济、责任共担的多渠道筹资机制""筹资以单位和个人缴费为主"。但是,在试点起步阶段,为了不增加单位负担,单位缴纳部分"起步阶段可从其缴纳的职工基本医疗保险费中划出"。在试点初期,尤其是在疫情的影响下,经济逐步恢复的时期,通过划转医保统筹基金结余等方法是可行的。但从长期来看,老龄化趋势推动长期护理的社会需求不断攀升,社保基金的支出速度加快,资金不足可能会使得整个社保体系面临风险。因此,需要找到合适的过渡方案来建立长期护理保险独立的多渠道筹资机制,减轻医保基金压力,增强长期护理保险基金的管理和财务的可持续性。

2. 完善护理服务产业

根据中国保险行业协会、中国社会科学院人口与劳动经济研究所联合发布的《2018—2019中国长期护理调研报告》,调查地区有4.8%的老年人处于日常活动能力重度失能、7%处于中度失能状态,总失能率为11.8%,但是中度及重度失能老人均面临较大服务缺口和保障缺口。服务供给不足集中在协助服药、压疮护理、心理咨询等医疗护理服务方面,日常生活服务相对过剩。长期护理保险的根本价值在于为失能群体提供有效的护理保障或者经济补偿,这依赖于一个运行有序、专业有效的护理服务产业。护理服务产业的专业从业人员短缺、服务质量良莠不齐、服务标准和需求等级界定不清等方面的问题仍亟待解决。因此,应该有针对性地加强护理服务产业建设,护理服务产业的有效发展才能进一步促进长期护理保险的稳步推进。

3. 增强长期护理保险宣传教育、鼓励商业保险公司进入长期护理保险领域

商业保险的优势在于,投保人可以自愿购买所需的保险合同,保险公司可以针对不同客户群体,满足多元化的需求。并且,商业保险的盈利性会促使保险公司与相关医疗、护理机构进行合作,进一步降低护理的成本。《意见》指出,试点期间,保障对象"从职工基本医疗保险参保人群起步,重点解决重度失能人员基本护理保障需求,优先保障符合条件的失能老年人、重度残疾人",试点期限两年,试点范围距离全面覆盖也仍有一定距离。但是,老龄化和老年失能群体的比重逐步增大的趋势仍未有所放缓。政府可以通过税收优惠等政策来支持鼓励商业保险公司进入长期护理保险领域,使得商业长期护理保险的开展与社会保险范畴内的长期护理保险形成互补机制,进一步保障老年人因生活自理能力下降而产生的风险。

值得注意的是,商业长期护理保险的推行需加强开展长期护理保险相关知识的宣传和教育。对自身失能风险持有过于乐观的态度、年轻人的财富约束、"以房养老"的观念都会阻碍个人在年轻的时候进入长期护理保险市场,这一方面,导致市场面临更大的选择风险;另一方面,即使个人随着风险意识提高购买了商业长期护理保险,也会因为自身风险的上升而面临更高的费率,进一步阻碍个人的保险购买决策。因此,鼓励商业长期护理保险开展的同时也需要加大对其的宣传,使得居民意识到未来对护理的需要并完善个人规划。

第三支柱：规范发展方能赢得信任

锁凌燕

2020-12-25

2020年12月16—18日举行的中央经济工作会议强调，"要规范发展第三支柱养老保险"；12月9日，国务院常务会议部署促进人身保险扩面提质稳健发展的措施，也专门提及，要"按照统一规范要求，将商业养老保险纳入养老保障第三支柱加快建设"。在12月16日的国务院政策例行吹风会上，银保监会副主席黄洪介绍，未来会通过加快发展专业化经营市场主体、扩大商业养老保险领域对外开放、加大养老保险产品创新、强化养老保险基础建设、加强人才队伍建设,提升专业能力等途径,加快推进商业养老保险的发展。

一、第三支柱的重要性

中国的养老保障体系历经改革,已经形成了三支柱的制度架构,即由政府主导的"保基本、广覆盖"的社会养老保险为第一支柱,由企业年金和职业年金等单位自主安排的保障计划构成第二支柱,个人自愿参与、政府提供税收优惠等政策支持的商业养老保险等市场安排构成第三支柱。

从理论逻辑和现实经验来看,三个支柱的功能可谓相辅相成:第一支柱的制度优势在于其强制性和覆盖人群的普遍性,但无法提供产品的选择权,也不存在价格和服务的竞争;第二支柱通过税收优惠等措施调动单位的积极性,丰富了单位的薪酬激励方式,也为个人提供补充保障,但也因为以单位有资金实力参与为前提,因此在实际上限制了其覆盖面的广度和深度。

相应地,三支柱的重要性也就凸显出来:以个人参与为基础,有利于扩大覆盖面;个人积累和未来给付直接挂钩,缴费激励相对更为充足,有利于纾解第一支柱的压力,并提高养老保障体系的可持续性;通过市场竞争提供丰富的产品和服务选择权,有利于满足民众多样化的需要,也有利于满足居民日益增长的财富配置需求;通过市场竞争促进养老产品的经营效率,提升养老保险金的保障效能,可以在变化的外部环境中为个人提供积极、稳定的预期,从而也可以促进消费者福利的提升。

而在第三支柱中,养老保险因为其独特的长寿风险管理功能,成为不可或缺的重要组成部分。需要注意的是,长寿风险在很大程度上是"尾部风险",当大部分人在养老资金的积累阶段时,养老保险的需求就不够突出;伴随老龄化的深入,更多人进入养老金的领取阶段,对养老保险的需求将会逐步高涨。所以商业养老保险的发展,可能更需要关注如何顺畅地实现养老基金或其他账户类产品在临近领取期时向保险类产品转换;企业年金、职业年金与个人养老金之间的流动与转换机制如何安排;是否可以允许个人在离职时将企业年金和职业年金积累资金按原有税收优惠政策转入个人税延养老保险产品账户,以有效提升参与率;等等。解决好这些问题,三支柱商业养老保险的优势才能更好地发挥出来。

二、第三支柱规范发展的含义

国家的重要会议都强调要规范发展三支柱养老保险,我以为主要原因在于三支柱建设对于"信任"的高度要求。消费者购买养老保险,其实是为未来的生活做准备,并在某种意义上将未来的财富成长性、安全性都托付给了商业保险机构。保险公司要赢得人们的信任,其行为就得"规范";监管机构也需要制定一套健全且审慎的原则和规则,确保其行为"规范"。

从保险公司的角度来看,"规范"至少意味着三方面的内容:一是专业能力强,养老保险存续期限长,势必需要满足不同生命周期阶段、不同风险偏好投资者的投资收益要求,这对行业的资产配置能力、风险管理能力和产品设计能力提出了非常高的要求。二是实力有保障,即公司的财务实力可信赖,自身发展潜力可观,能够适应不同环境的变化、稳健发展。三是产品"对路",投保简便,能够让非专业消费者看得懂;缴费灵活,能够适应不同类型人群、不同生命阶段、不同周期性环境下的储蓄能力;产品多样,能够满足不同的风险偏好和领取期待。

而从监管的角度来讲,引导并约束公司"规范"行为,至少包括四方面的含义:一是协调好三支柱养老保险的政策优惠,为其发展提供良好的外部环境;二是强化市场行为监控,完善准入退出机制,严厉打击各类违法违规行为,让养老保险业务能够"名副其实";三是针对养老保险基金特性有针对性地设计更为科学的资产负债管理要求和偿付能力监管要求等,更好地处理长期承诺、长期负债与长期资产之间的风险收益关系;四是建好监管"基础设施",统筹规划完善养老保险基金监管的技术标准、数据标准和信息平台等,完善数据信息使用、数据安全、信息披露等方面的法律法规,提升监管效能,为公开信息披露及公众监督提供坚实基础,也为有效汇聚和及时分析风险数据、改善宏观审慎监管提供有力支撑。

三、更好地履行制度责任

信任的建成,需要经年累月的努力;而毁掉信任,可能只在须臾之间。唯有专业支撑的规范发展,才是长久经营之道。三支柱的完善是保险业发展的重大机遇,同时也对商业保险机构提出了很高的期待和要求。保险业要履行好制度责任,满足各界的期待,成为养老保障第三支柱的坚实力量,不仅要持续提升自身的创新能力和专业能力,还需在其他很多方面不懈努力。

一方面,要更好激活消费者养老保障安排的主动性。三支柱养老保险的目的,并不单单是发展自身,更多的是希望借助相应的政策红利,引起个人对养老保障问题的重视,积极做好养老准备。这就要求我们更深入地研究消费者决策特征,有的放矢地加强对消费者的宣传教育,让其明确自身应负的养老责任,积极进行财务筹划,以降低短视等心理因素对养老保险需求的负面影响;同时通过金融知识的传播,提升其财务素养和养老保障安排的能力。

另一方面,以人为本推进服务能力的全面提升。正如经济学家尼古拉斯·巴尔(Nicholas Barr)所说:"养老金领取者感兴趣的并不是金钱,而是消费——食品、衣服、供暖、医疗服务、足球赛的门票等。金钱是无关紧要的,除非产品就在那等着养老金领取者去买。"三支柱养老保险的功能能否得到消费者的认可,不仅取决于产品价格的合理性,更取决于其调动市场要素的积极性、持续创新为消费者提供创新服务的能力。保险业需要提前布局,不断升级自身功能,探索完善养老服务产业链、应用新型养老技术等手段,为消费者提供可期待的综合养老保障。